FINANCIAL
INNOVATION IN
THE INTERNET AGE

# 互联网时代的
# 金融创新

王文革 / 著

上海人民出版社

序 ◉ 言

　　我们所处的时代可以说是互联网时代，而金融是经济的血液。近些年来，金融和金融创新正在成为越来越热门的词汇，任何行业的从业人员，都希望和金融沾点边，而金融行业的业务人员，不谈谈金融创新，似乎已经落伍了。

　　金融创新确实给我们带来了便捷，如支付宝解决了买卖双方的信任问题，P2P 部分解决了融资难的问题，众筹解决了创业者的初始资金问题，减低了创业门槛等等。但也应该看到，金融创新也出现了许多问题，如众所周知的 P2P 跑路事件不断层出不穷，给普通百姓的生活造成很大的影响。

　　金融风险具有传染性。局部金融风险的爆发，若处理和应对不当，很容易形成全局性的系统性风险。因此，在包括互联网金融在内的各种金融创新过程中，如果过度强调创新而风险防控不到位，往往会带来令人意料不到的结果，小则为金融风险"黑天鹅"事件，大则会演变为金融危机。美国前财长萨默斯对此曾有一个形象的比喻，他说："金融创新如同飞机，它为人们提供了方便快捷的交通方式，能够让人们更快地到达目的地。不过一旦坠毁，后果将非常严重。"

因此，我们必须充分认识到，金融创新是一把"双刃剑"，在提升资源配置效率、丰富金融产品的同时，创新也会带来潜在的金融风险，尤其是如果披着金融创新外衣而演变为非法集资等行为，则会严重扰乱经济金融秩序。也就是说，金融创新与风险防控犹如矛、盾双方，互为攻守，唇齿相依。如若没有风险防控，金融创新恐成脱缰之马。这就需要在强调金融创新的同时，必须强化风险防控能力，既要加快金融创新步伐，又要做好风险防范，把握好二者的平衡。

因此大家不管是否从事金融行业，都要对金融创新有个全面地了解。现在关于金融创新的著作很多，但很少有全方位的从剖析金融创新的理论到分析金融创新实践的著作，尤其是目前还没有把新三板、亚投行和离岸金融中心的建设也纳入金融创新范畴的著作，这部著作填补了这方面的一个空白。

本书的作者王文革先生是我的朋友，金融专业科班出身，又是一位具有二十多年行业经验的资深金融投资专家，一直身处市场第一线，几乎参与了中国资本市场发展的全过程，具有丰富的专业经验，在繁忙的工作之余，善于研究、总结经验，敏锐发现市场热点，乐于付出，分别在多所高校担任兼职教授和创业导师，同时也是多个地方政府、机构顾问，为在校大学生、研究生、企业家、政府官员、培训机构等传经授道，将自己丰富的实践经验传授他人。

这本书比较系统地阐述了在我们这个互联网时代大背景下的金融创新，书中对众筹、P2P、比特币、房地产投资信托基金（REITs）等社会热点进行了深度剖析，既有一定的专业性，也写得通俗易懂，可以作为财经类大学生、研究生的辅助参考书，更是金融从业人员、广大爱好金融、希望了解金融的读者们的福音。

　　总而言之，这是一本值得阅读的著作。

浙江财经大学教授、博士

2016 年 7 月

# 目 录

第一章

# 概论

21 世纪可以说是互联网时代，尤其是这两年来的"互联网+"，每一个产业都在拥抱互联网，由此产生着物理或者化学变化。金融业也不例外，金融创新层出不穷，互联网金融风头正劲，传统金融也不甘落后，正日益深刻地影响着我们的生活。金融创新产生的原因是什么，是规避风险、追逐利润还是减低交易成本，它又有哪些形式，它的发展现状如何？在今天的互联网时代，它又呈现出哪些新特点？

# 一、金融创新的分类

提起创新理论，人们首先想到的是美国著名经济学家熊彼特（1883—1950）。熊彼特于 1912 年在其成名作《经济发展理论》中对创新所下的定义是：创新是指新的生产函数的建立，也就是企业家对企业要素实行新的组合。金融创新定义因而也大多源于熊彼特经济创新的概念，按照规模可分为宏观、中观、微观层面的金融创新，本书主要分析宏观和中观层面的金融创新。

有关金融创新的定义，大多是按照熊彼特的观点，创新包括技术创新（产品创新与工艺创新）与组织管理上的创新，因为两者均可导致生产函数或供应函数的变化。具体地讲，创新包括五种情形：（1）新产品的出现；（2）新工艺的应用；（3）新资源的开发；（4）新市场的开拓；（5）新的生产组织与管理方式的确立（也称为组织创新）。

各个定义的内涵差异较大，概括起来对于金融创新按规模可分为三大类。

第一，宏观层面的金融创新将金融创新与金融史上的重大历史变革等同起来，认为整个金融业的发展史就是一部不断创新的历史，金融业的每项重大发展都离不开金融创新。

从这个层面理解金融创新有如下特点：金融创新的时间跨度长，将整个货币信用的发展史视为金融创新史，金融发展史上的每一次重大突破都视为金融创新；金融创新涉及的范围相当广泛，不仅包括金融技术的创新，金融市场的创新，金融服务、产品的创新，金融企业组织和管理方式的创新，金融服务业结构上的创新，而且还包括现代银行业产生以来有关银行业务，银行支付和清算体系，银行的资产负债管理乃至金融机构、金融市场、金融体系、国际货币制度等方面的历次变革，如世界银行、国际货币基金组织、离岸金融市场等。

第二，中观层面的金融创新是指20世纪60年代以后，金融机构特别是银行中介功能的变化，它可以分为技术创新、产品创新以及制度创新。是政府或金融当局和金融机构为适应经济环境的变化和在金融过程中的内部矛盾运动，防止或转移经营风险和降低成本，为更好地实现流动性、安全性和盈利性目标而逐步改变金融中介功能，创造和组合一个新的高效率的资金营运方式或营运体系的过程。大多数关于金融创新理论的研究均采用此概念，如第三方支付、大数据金融、P2P等。

第三，微观层面的金融创新仅指金融工具的创新。大致可分为四种类型：信用创新型，如用短期信用来实现中期信用，以及分散投资者独家承担贷款风险的票据发行便利等；风险转移创新型，包括能在各经济机构之间相互转移金融工具内在风险的各种新工具，如货币互换、利率互换等；增加流动创新型，包括能使原有的金融工具提高变现能力和可转换性的新金融工具，如长期贷款的证券化等；股权创造创新型，包括使债权变为股权的各种新金融工具，如可换股债券等。

# 二、有关金融创新的理论

## （一）金融抑制与金融深化理论

1973 年，麦金农和爱德华·肖在《经济发展中的货币与资本》中提出"金融抑制"理论，一时风靡全球，成为解释发展中国家经济增长与金融发展关系的最重要的理论。而所谓"金融抑制"一般是指一国金融体系不健全，金融市场的作用未能充分发挥，政府对金融实行过分干预和管制政策，人为地控制利率上限、负实际利率并操纵银行信贷等问题，从而造成金融业的落后和缺乏效率，金融与经济之间陷入一种相互制约的恶性循环状态。麦金农和肖提出的金融抑制假说和市场分割假说，不仅可以用以解释中国民间借贷产生的体制性根源，正是因为金融抑制的存在使得部分经济主体的融资需求无法从正规金融渠道获得满足，民间借贷由此应运而生，而且，对于中国一方面 M2 高歌猛进，另一方面又出现"钱荒"等现象能给予贴切的解释，要求放松金融管制，实行金融自由化。这与金融创新的要求相适应，因此成了推动金融创新的重要理论依据。

## （二）规避型金融创新理论

凯恩斯提出了"规避"的金融创新理论。所谓"规避"就是指对各种规章制度的限制性措施实行回避。"规避创新"则是回避各种金融控制和管理的行为。它意味着当外在市场力量和市场机制与机构内在要求相结合，回避各种金融控制和规章制度时就产生了金融创新行为。

规避理论非常重视外部环境对金融创新的影响。从"规避"本身来说，也许能够说明它是一些金融创新行为的源泉，但是规避理论似乎太绝对和抽象化地把规避和创新逻辑地联系在一起，而排除了其他一些因素的作用和影响，其中最重要的是制度因素的推动力。

## （三）约束诱导型金融创新理论

西尔柏主要是从供给角度来探索金融创新。西尔柏研究金融创新是从寻求利润最大化的金融公司创新最积极这个表象开始的，由此归纳出金融创新是微观金融组织为了寻求最大的利润，减轻外部对其产生的金融压制而采取的"自卫"行为。西尔柏认为，金融压制来自两个方面：一是政府的控制管理。二是内部强加的压制。

## （四）交易成本创新理论

希克斯和尼汉斯提出的金融创新理论的基本命题是"金融创新的支配因素是降低交易成本"。这个命题包括两层含义：降低交易成本是金融创新的首要动机，交易成本的高低决定金融业务和金融工具是否具有实际意义；金融创新实质上是对科技进步导致交易成本降低的反应。

## （五）制度学派的金融创新理论

以戴维斯、塞拉和诺斯等为代表。认为作为经济制度的一个组成部分，金融创新应该是一种与经济制度互为影响、互为因果关系的制度改革。

## （六）理性预期理论

理性预期学派是从货币学派分离出来的一个新兴经济学流派，最早提出理性预期思想的是美国经济学家约翰·穆斯。20 世纪 70 年代初，卢卡斯正式提出了理性预期理论。人们在看到现实即将发生变化时倾向于从自身利益出发，作出合理的、明智的反应，而这些反应能够使政府的财政政策和货币政策不能取得预期的效果。

## 三、金融创新风起云涌

金融是现代经济的核心，是现代经济的血脉。就实体经济而言，中国的经济规模已经成为仅次于美国的世界第二经济体。中国在包括外贸总额等多个领域已经位居全球第一。但就金融层面而言，中国仍然是一个金融小国、金融弱国，金融仍然是中国经济最大的短板。就全球经济版图的变迁而言，从来没有一个国家，在金融很弱的情况下，能够成为全球经济强国的。

这一方面和金融改革滞后、金融抑制严重有关，另一方面，也和我们长期以来没有把金融改革放到中国改革最重要的战略地位，没有把提升金融软实力作为中国当务之急的国策有很大的关系。金融的滞后导致中国金融市场存在四大难以破解的体制困局：一是利率管制使得资金价格人为被压低。民间借贷的利率和当年外汇管制后"黑市"的汇率一样，是最真实的资金价格，利率管制导致出现"资金黑市"，一方面给银行寻租提供了空间，另一方面，也诱使银行进行大量的高收益的表外业务；二是银行准入的行政管制，民营银行还很少，导致大量民间资本难以进入银行业，银行业基本成了国有资本的特许经营领域，民间草根金融难以对主流金融机构形成竞争压力，银行利用垄断地位可以制造人为的短缺；三是政府主导投资的模式，导致大量的信贷资源进入低效或者产能过剩的领域，在拉低银行资产负债表的同时，作为补偿，暗中对银行的违规和表外业务放松监管；四是长期以来 GDP 至上的政策导向要求银行在资金的投向上以地方的经济增长为准则，而不是以投资项目的效益作为选择，从而导致银行出现大量的非经营性的坏账。在这种情况下，不管 M2 总量如何，中国货币的流动因为各种"金融抑制"而出现人为的肠梗阻，从而出现"汪洋大河"边上没水吃的"钱荒"怪象。

破除金融抑制，推进金融创新，已经成为当务之急。

中共十八大报告专门提到了金融改革问题："深化金融体制改革，健全促进宏观经济稳定、支持实体经济发展的现代金融体系，加快发展多层次资本市场，稳步推进利率和汇率市场化改革，逐步实现人民币资本项目可兑换。加快发展民营金融机构。完善金融监管，推进金融创新，提高银行、证券、保险等行业竞争力，维护金融稳定。"

互联网时代的金融创新，并不是仅指互联网金融的创新，也包括以银行为主的传统金融机构的业务创新。当然互联网金融的蓬勃兴起，是这个时代金融创新的鲜明特点，但创新的理论基础并没有改变。随着互联网的蓬勃兴起，各行各业都发生了深刻变化，中央提出"互联网＋"的国家战略，助力大众创业、万众创新，进一步推进金融发展和金融深化，我国金融业积极运用互联网技术不断推动自身改革与发展，不仅快速缩小了与西方发达国家金融业在信息技术应用等方面的差距，在不少方面甚至已经超过发达国家。

社会公众也对金融改革与发展提出新要求。随着我国经济的高速发展，全社会财富总量快速积累，据估计，我国居民个人财富已超过百万亿元，公众的财富管理意识和需求也明显增强。如何拓宽居民投融资需求，实现资产的保值增值，提供更全面的金融服务，是社会公众对金融改革与发展的新要求。

在宏观层面，"亚洲基础设施投资银行"、"金砖银行"、"上海自贸区人民币离岸金融中心"、"新三板"等相继组建、实施或者推进，是近年来国家层面的金融体制和设施创新，将对国家未来经济发展产生深远影响。

第三方支付、大数据金融、P2P、众筹等具有互联网金融性质的金融创新，打破了以银行为主的传统金融僵化和低效率，使得巨额民间资金盘活，广大中小企业获得融资，普通百姓获得便利。

互联网金融的本质是"普惠金融"。互联网一方面可以有效弥补传统金融物理网点和基础设施的不足，有助于改善金融体系的深度、广度和可获得性；另一方面，其网络特征有助于缓解贫困地区和低收入群体金融服务的高成本支出和规模不经济，降低服务成本，扩大服务边界，利用特有的网络效应保障服务收益。两方面的结合使普惠金融更具可持续性。

重塑结构，助力构建多层次的金融市场体系。通过建设互联网信用体系和风控体系，更有效识别风险，解决信息不对称的问题，有助于促进我国金融结构优化，有效提升直接融资占比，解决长久以来我国一直面临的企业多、融资难，资金多、投资难的"两多两难"问题。

跨界融合，促进我国利率和汇率市场化。互联网和金融的融合发展为利率市场化提供了一个很好的试验田，新的金融业态发挥的"鲶鱼效应"引发了自主利率的市场化进程。

金融创新中最活跃的部分—— 互联网金融优化了金融结构，加速了金融改革进程。互联网金融的鲶鱼效应已经开始加速我国传统金融机构改革进程。在利率市场化快速推进的今天，包括商业银行、证券、保险等都在加速互联网金融化，优化金融结构提高金融效率。

互联网并没有改变金融的本质，互联网不会颠覆金融，与传统金融机构并不是对立关系，而是互为补充，互相促进。政府在监管从严的背景下，不能忽视对互联网金融的扶持。监管从严不意味着增设不必要的门槛，简政放权扶持小微企业成长的政策也不会变。服务大局，助力经济转型，普惠民生，是互联网金融发展的正途。行业整治，不意味着寒冬的到来，恰恰意味着属于互联网金融的春天才真正开始。

走向世界，提升我国金融国际竞争力。随着世界经济一体化和全球信息网络的发展，逐步形成了以信息网络为连接的全球一体化金融市场，为我国金融机构"走出去"提供了广阔空间。在全球化背景下，数字化、网络化金融服务体系的构建不仅降低了金融机构的运营成本，其带来的金融规则发展变化还为我国掌握国际话语权、实现弯道超车提供了可能。

# 四、我国金融创新存在的问题

金融创新是经济发展的必然结果，但金融创新本身是中性的，是把双刃剑，毕竟其出发点主要是规避管制和追逐利润，所以既可能产生好的结果，也可能会有不好的结果。这在微观层面的金融创新，即金融产品创新中表现得尤为明显，2008年的全球金融危机的导火索就是美国"两房"（房地美和房利美）的金融衍生品的创新。

由于我国实行市场经济只有短短二十多年时间，市场经济的发展远还不够完善，金融抑制严重。因此金融创新无论在理论还是实践上都相对落后，只能作为一个追随者的角色。我国从整体来说人们的科学文化水平不高，同时医疗、教育等基本保障存在不足，大家都希望赚快钱，所以在金融创新尤其互联网金融发展上，存在一哄而上、野蛮生长的局面，同时监管手段和监管水平也没有完善，所以在金融创新过程中上出现诸多问题，也就不足为奇了。

先来看看从著名的"庞氏骗局"是怎么来的，其"始祖"是一个叫查尔斯·庞兹的意大利裔投机商人，1903 年移民到美国。他 1919 年开始策划一个项目，向一个事实上子虚乌有的企业投资，许诺投资者将在三个月内得到 40% 的利润回报，然后把新投资者的钱作为盈利付给最初投资的人，诱使更多的人参与投资，七个月时间内吸引了三万多名投资者，骗局持续一年之久才被识破，后人将这种项目自身没有盈利能力，靠吸引后面加入者的投资款作为盈利，兑付给之前的投资人，从而吸引更多的投资人加入的模式称为"庞氏骗局"。

庞氏骗局发生后，创始人庞兹被送进监狱，美国政府因此制定了各种法律法规，加强了监管，之后类似事件发生了很少。

但几十年后，发源于美国的庞氏骗局，竟然在中华大地上不断涌现，估计这点连庞兹本人都没想到。由于目前整个社会的法制环境还不完善，金融监管手段缺乏，因此问题不断出现。最有代表性的是 P2P 网络借贷，在过去一年不断暴露风险，跑路事件屡屡发生。以 e 租宝、泛亚、中晋、大大集团等为代表的以 P2P 为名的非法集资性质的案件已经成为危害社会的"毒瘤"。

再例如，各种 API、MTK、MMM 等外汇盘，所谓的"虚拟货币"如网络黄金（EGD）、百川币、摩根币，金朝阳的所谓"REITs"，又有几个不是庞氏骗局呢？

第三方支付虽然实行牌照管理，但存在 POS 机套现、自己收单再自己清算，以预付费卡及虚拟账户吸收存款，又以沉淀资金对上下游的商户提供融资等问题。大数据运用过程中也频频出现漏洞，泄露隐私，数据转化率偏低等问题。

股权众筹与非法集资界限模糊，天使投资公众化，投资人回报和退出问题还没有很好的解决途径，房地产投资信托基金（REITs）的推出存在回报率偏低、税负过重和法律障碍。

互联网金融领域的庞氏骗局和打着"金融创新"名义的各类不靠谱项目层出不穷，而在传统金融领域，存在着金融创新的不足，难以适应快速发展的经济要求：

第一，与发达市场经济国家相比，我国仍存在比较严格的金融管制，以国有为主的大型金融机构缺乏金融创新的内在动力，严格的金融管制限制了金融创新的空间。

第二，在传统金融上，品种少、规模小，消费信贷、网上银行、租赁、个人理财业务等仍处于探索阶段；投资银行、商业银行、国际金融和衍生金融工具业务等方面，还处在待发展阶段。

第三，金融创新主要表现为数量扩张、质量较低，我国现有金融创新重点放在易于掌握、便于操作、科技含量小的外在形式的建设上，如金融机构的增设、金融业务的扩张等，而与市场经济体制要求相适应的经营机制方面的创新明显不足。此外，由于金融创新主体素质不高，创新的内容比较肤浅，手段也比较落后。

在宏观层面的金融创新角度看，上海自贸区的建设总体上还没有达到预期要求，人民币离岸金融中心的建设速度进展较慢，人民币国际化进程离 WTO 的时间要求相对滞后；新三板的挂牌家数虽然迅速增长，但核心的融资功能并没有很好体现；亚投行也面临着缺乏国际性金融组织的管理经验、投资回报不确定等问题。

本书将逐章分析我国目前主要的金融创新，但只讨论宏观和中观层面的金融创新，微观层面的金融创新暂不在本书分析讨论之列。本书中所引用的数据，如没有特别说明，都截止到 2016 年 6 月 30 日。

第二章

# 大数据金融——使数据成为财富

看不见、摸不着的大数据已经成为最重要的资产，大数据在金融业的运用，仅次于互联网，大数据金融已经成为一个重要行业。2016 年 4 月，蚂蚁金服完成了 B 轮融资 45 亿美元，蚂蚁金服的估值已经达到 600 亿美元，成为中国最大的民营企业，而蚂蚁金服的核心能力就是大数据。那么，大数据金融与传统金融比较，又有什么特点，有哪几种主要模式，要注意哪些问题呢？

# 一、大数据金融的特点

根据国际著名的咨询公司麦肯锡的报告显示：在大数据应用综合价值潜力方面，信息技术、金融保险、政府及批发贸易四大行业潜力最大。具体到行业内每家公司的数据量来看，信息、金融保险、计算机及电子设备、公用事业四类的数据量最大。大数据金融已经成为一个重要的行业。

何谓"大数据"？"大数据"没有严格定义，但可以从以下几个层面来解析这个大家耳熟能详的名词：

从生产来看，具有"自生产"特征，不需要特别的采集过程，因为监管要求、业务逻辑或者技术便利，比如搜索数据、交易数据等。

从存储来看，相对于传统数据库的数据规模，成几何级数增长，需要新的数据库技术来支持存储和访问。

从使用来看，分析方法从基于概率论的抽样理论过渡到人工智能、统计学习等讲求高维、高效率分析技术。

从行业细分角度，大数据金融业主要有大数据银行金融和大数据证券金融，分别和银行业务、证券业务相关。当然，保险业天然就和大数据相关。

信用卡自动授信是典型的大数据银行金融。从银行角度决定是否应该对申请者授信、发授多少信用额度，传统方式是人工审核申请资料，然后根据大致的档位发放额度或拒绝申请。但是当银行积累了足够多的用卡客户数据，可以把是否违约、违约概率、有效使用额度等指标作为被评价对象，然后调用与此相关的各种客户信息建立统计模型，自动计算授信结果。机器人投资是大数据证券金融的代表形式，股票价格波动受各种因素影响，传统的投资方式一般人工收集信息，手动交易。机器人投资可以建立多因素模型，自动选择股票或寻找交易时机，在适当的风控模型下建立机器人投资云交易模式。

又如，连接银行和证券的大数据不良资产评估。原本银行信贷资产的评估都是基于会计模型，但是不良资产基本没有会计特征，很难用传统方法评估。因此，收集已处置资产和待处置资产样本进行对比，建立数据挖掘模型，可以方便评估待处置资产的价格。

了解了大数据和大数据金融的几个应用实例，我们总结一下何谓大数据金融。

金融业积累的大数据就是金融大数据，根据银行金融和证券金融本身的不同，这些数据也分成银行金融大数据和证券金融大数据。积累数据过程中，产生了数据采集、存储、使用的相关工作和企业，这样就完成了金融大数据的产业链，但总体依然是信息技术产业链。

随着信息技术的全面发展，金融大数据产业具备提供信息技术服务之外的金融服务能力时，就产生了大数据金融。大数据金融是脱颖于金融大数据的新服务，是技术服务催生出来的金融服务。

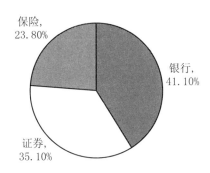

图 2.1 中国金融行业大数据应用投资结构

大数据金融有如下特点:

第一,交易成本低。由于这种资金融通是以大数据云计算为基础,以大数据自动计算为主而非人工为主参与审批,成本极低,不仅可以针对中小微企业金融服务,而且可以根据企业生产周期灵活决定贷款期限。大数据金融不仅整合碎片化的需求和供给,而且拓展服务领域服务数以千万计的中小企业和中小客户,进一步拉低了大数据金融的运营与交易成本,边际成本低效益好。

第二,精准营销,放贷快捷。无论平台金融还是供应链金融都是建立在长期大量的信用及资金流的大数据基础之上,任何时点都可以通过计算得出信用评分,并通过网上支付方式,实时根据贷款需要及其信用评分等大数据来放出贷款。由于建立模型是根据每家企业的信用评分及不同生产流程进行放贷,大数据金融不受时空限制,能够较好地匹配期限管理,解决流动性问题,可针对每一家企业的个性化融资要求作出不同的金融服务且快速准确高效。

第三,便于风险管理。由于平台或供应链聚拢了信息流、物流、资金流,平台贷或者供应链贷款都是在大数据金融库里累积的持久闭环的产业上下游系统内部,贷款方对产业运作及风险点熟识且掌控能力强,便于预警和防范风险,基于这些交易借贷行为基础上的大数据金融记录了违约率等相关指标，可以实时给出信用评分，能够解决信用分配、风险评估、实施授权甚至是识别欺诈问题，利用分布式计算来做出风险定价、风险评估模型，建立在大数据金融基础上的风控科学决策能有效降低不良贷款率。大数据金融的信息处理和数据模型优势，不仅可以替代风险管理、风险定价，甚至可以自动生成保险精算。

大数据将成为企业的重要资产。企业通过大数据金融创新商业模式和盈利模式，通过掌控大数据金融而获得在产业链中的核心地位进而基业长青。由于大数据金融带来的技术创新与金融创新不仅有可能支持数千万家中小企业的发展，而且还能够促进我国经济结构调整和转型升级。因此大数据金融战略不仅成为企业的战略选择，而且在产业和国家层面也成为战略抉择。

大数据在金融行业的应用起步比互联网行业稍晚，其应用深度和广度还有很大的扩展空间。金融行业的大数据应用依然有很多的障碍需要克服，比如银行企业内各业务的数据孤岛效应严重、大数据人才相对缺乏以及缺乏银行之外的外部数据的整合等问题。可喜的是，金融行业尤其是以银行的中高层对大数据渴望和重视度非常高，相信在不久的将来，在互联网和移动互联网的驱动下，金融行业的大数据应用将迎来突破性的发展。

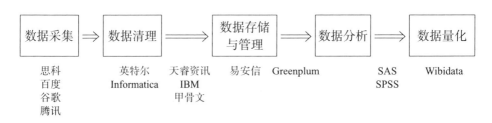

图 2.2　大数据应用

# 二、大数据金融的主要模式

## （一）平台模式

以阿里系为代表的平台模式。平台模式的优势在于：采用平台模式的企业平台上聚集了大大小小众多商户，企业凭借平台多年的交易数据积累，利用互联网技术，借助平台向企业或个人提供快速便捷的金融服务。它建立在庞大的数据流量系统的基础之上，对申请金融服务的企业或个人的情况十分熟悉，相当于拥有一个详尽的征信系统数据库，能够很大程度解决风险控制的问题，降低企业的坏账率；依托于企业的交易系统，具有稳定、持续的客户源；平台模式有效解决了信息不对称的问题，高效的 IT 系统将贷款流程流水线化。信用贷款以中小微企业贷款为主体，在评定申请人的资信状况、授信因素后，系统自动核定授信额度。平台模式的特点在于企业以交易数据为基础对客户的资金状况进行分析，贷款客户多为个人以及难以从银行得到贷款支持的小微企业，贷款无需抵押和担保，能够快速发放贷款，且多为短期贷款。同时，这也使平台模式具有了寡头经济的特点，平台模式中的企业必须在前期进行长时间交易数据的积累，在交易数据的积累过程中完善交易设备和电子设备，以及进行数据分析所需的基础设施积累和人才积累。

阿里系的基础是"三流"：信息流、资金流以及物流。信息流、资金流在这三者中是一个夯实基础的作用，物流则是未来阿里系壮大的必要保证和壁垒。随着移动互联网、社交网络的兴起，阿里谋求的是打通客户流量集中的场所，掌握通向商场的路径，占有入口优势，因此，阿里对新浪微博的入股以及高德地图的收购便不足为奇。除此之外，阿里在做综合业态，主要目的在于保持产品种类的丰富，吸引人气，增加阿里平台的价值。资金流，一方面是大家最为熟悉的小额信贷公司，中小微贷款能在商家资金、资源运转上助一臂之力，帮助它们扩大规模，促进买家增加消费，而这种金融创新将带动商业的蓬勃发展，商业的运转旺盛也会刺激金融的发展；另外一方面则是引领"屌丝"理财风潮的余额宝，余额宝的诞生可以说是阿里力求将客户的资金留在阿里生态圈内部，是支付宝功能之外的拓展。从物流层面来说，同京东的一日几送、节假日照送的强大的物流体系相比，阿里在物流上的弱势限制了阿里的交易量的增长空间，也直接影响了阿里在信息流、资金流上的积累，所以，马云在卸任阿里 CEO 不到一个月就联合银泰、复星等大公司和物流界巨头顺丰及"三通一达"组建菜鸟物流，注册资本高达 1 000 亿元人民币，菜鸟物流的建立大幅提高阿里的竞争壁垒，实现阿里生态圈的闭环，在未来将有望对大企业进行融资。目前，阿里集团在积极探索"三流合一"：以信息流、资金流、物流三流来整合一个完整的阿里生态圈，以信息流支撑资金流、物流，以物流、资金流反哺信息流。

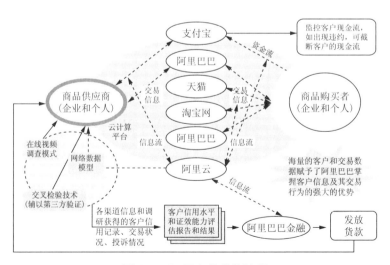

图 2.3 阿里小贷贷款流程

与传统的银行相比，阿里金融没有门店、没有信贷员，从商户提出申请，到商户收到贷款，整个过程全流程系统化、无纸化，最快不需要一分钟。阿里金融以阿里云为整个贷款的技术基础，淘宝网、天猫、一淘等平台信息流源源不断地流入阿里云，阿里云对其进行专业化的分析和处理，通过网络数据模型，辅以交叉检验技术及在线视频检验技术，加上通过各个渠道获得的信用记录、交易状况等情况出具信用评估报告，确定授信额度，通过阿里金融发放贷款。

## （二）供应链金融模式

以京东为代表的供应链金融是以电商或行业龙头企业为主导的模式。在海量的交易数据基础上，核心企业以信息提供方的身份或以担保方的方式，通过和银行等机构的合作，对产业链的上下游进行融资。在此合作模式中，京东等龙头企业起到对信息进行确认审核、担保或提供信息的作用，并没有实质上对用户提供资金的融通，这一职责仍旧由银行或别的资金供给方担任。之所以将这一模式归为电商或行业龙头企业为主导的模式，在于其能够为银行提供流量、数据或信息，而由于银行竞争的同质性，在这一模式中银行成为"附庸"。

供应链金融是供应链管理的参与者（核心企业）作为组织者，对供应链金融资源进行整合，为供应链的其他参与方的资金提供渠道的一种融资方式，能够通过整合资金、资源、物流等活动提高整个供应链的资金运用效率。供应链金融的具体产品，包括第三方金融机构对供应商的信贷产品和购买商的信贷产品。它最早出现在 19 世纪初，由荷兰某家银行以仓储质押融资业务形式推出。到 20 世纪末，随着物流运输业和通信信息技术的发展，出现融资节点。由于供应链各个节点参差不齐，节点出现的资金瓶颈会引发"木桶"效应，供应链金融兴起。供应链金融作为一种创新产品，有极大的社会和经济价值，一方面可以满足企业的短期资金需求，促进整条产业链的协调发展，另一方面，通过引入核心企业能够对资金需求企业以及产业链进行风险评估，可以扩大市场服务范围。以电商企业为代表的互联网巨头利用供应链金融模式，可以有效解决传统供应链金融发展过程中的一系列问题，增加对中小企业的关注度及实际服务效果。

京东的供应链金融是京东对供应商、银行的双向深度绑定，从供应商的角度来看，这主要是由于金融借贷需要信用凭证，其往往和支付、物流等供应链环节紧密对接，通过供应商在支付、物流上的数据和凭证进行抵押担保。这也意味着，供应商一旦要申请金融贷款服务，则需要在物流、支付上与京东进行深度对接，因此很难脱离京东生态圈。从银行的角度来看，互联网手段正在驱动银行作出改变。银行希望放款更便捷，同时缩短放款时间，这也是银行积极搭建供应链金融网络的原因，不过涉及融资，就一定要用到信用评价体系，银行需要借助京东来了解上游供应商的情况。

# 三、大数据金融的弱点

在大数据金融时代，呼唤"大数据监管"模式，即围绕数据的生成、传输和使用等环节，采取实时、互动方式，实现对金融市场的监管。目前我国大金融数据现状主要的弱点包括数据共享和数据挖掘两点。

## （一）数据共享的难点

无论是顶层设计，还是"一行三会"的实际监管工作，"大数据监管"都已经在筹备和应用中。但各部委动起来，更多是意识到大数据能够为己所用，但相互间仍处于割裂状态。

根据中国人民银行提供的数据显示，截至 2015 年 9 月末，人行征信系统已经收录 8.7 亿自然人和 2 102 万户企业及其他组织，基本上为国内每一个有信用活动的企业和个人建立了信用档案。其中，收录有信贷记录的自然人约 3.7 亿，中国已建成世界上最大的个人征信数据库。

近几年新金融业态，譬如小贷公司、融资性担保公司的发展都对央行征信系统提出新要求。这些新业态的数据是否纳入征信系统也一直为各界所讨论。

《征信业管理条例》第 29 条规定，从事信贷业务的机构应当按照规定向金融信用信息基础数据库提供信贷信息。所以从法律层面没有任何障碍。事实上由央行征信中心控股的上海资信有限公司，已经发起设立了网络金融征信系统，开始收集 P2P 借贷机构上报的信息。

大数据给监管机构带来的压力日增。银监会既要管好每家银行，又要关注整个银行体系，还要参与宏观调控，这就可想而知所需要的数据统计量了。

证监会则充分利用了大数据这一神器，如稽查"老鼠仓"，"捕鼠"的线索就是来自交易所日常监控下的大数据。每天下午 4 点钟，监管部门就能拿到全国基金公司报送的交易和净值数据，通过大数据检测很容易看出基金获益率是否异常。

2014 年，中国保险信息技术管理有限责任公司成立，负责统一建设、运营和管理保险信息共享平台，主要通过信息技术手段，采集保险经营管理数据，建立标准化、系统性的数据体系。

2014 年 9 月 24 日，"一行三会"关于中国金融综合统计平台建设的讨论会召开。会议讨论筹建中国规模最大、涵盖最广的金融信息数据库。它将在集合"一行三会"现有数据，涵盖银行、证券、保险、基金等金融行业，甚至将银行业表外业务数据进行统一的基础上，建立起中国金融业信息统计平台。

但是，中国金融综合统计平台建设的细节问题仍需解决，主要集中在以下几点：

首先，金融综合统计平台的建设亟须在统计方式、指标、对象、主体上实现标准化，包括金融机构代码、企业代码和个人代码都需要制定标准。

其次，这一新型数据系统要实现综合化覆盖，囊括新型金融业态，这就涉及新型金融机构、准金融机构如何统计、是否强制性纳入等问题。

再次，是该系统最终要实现共享，需要解决社会服务共享中是否收费、如何收费等问题。

所以建设金融综合统计平台必须打破现有分业监管"画地为牢"的思想，需要改变目前各部委的数据库之间相互隔离、协调难度大的格局。

目前我国最大的数据库征信系统的信息覆盖面主要集中在信贷系统，而对于个人其他经济活动和社会活动尚缺乏信用报告。而通过10余年积累，电商巨头已经积累了海量的信用数据，如今这些数据的商业价值正逐步显现。

中国人民银行官员曾公开表示，鼓励包括民间资本在内的各类资本进入征信业，也欢迎阿里、腾讯等互联网企业进入征信体系建设。

但目前电商数据库很难被直接纳入官方数据库。《征信管理条例》规定，采集个人信息应当经信息主体本人同意，未经本人同意不得采集——电商数据来源是否合法难以界定。再者，电商数据质量还没有一个客观的评判标准，也不适合盲目将其纳入央行征信系统。

参照发达国家经验发现，在美国，金融、互联网各个行业都有自己的数据体系，民间、官方的数据也很难放到一个数据库里去，只能是开放的心态，双方在数据层面上达到共建共享。

国家统计局目前也表示，所有拥有海量数据的机构，无论是企业还是政府机构，原则上除涉及国家安全、商业秘密和个人隐私等数据外，都应以更加开放的姿态、更加积极的行动促进大数据的深度应用，通过立法保障各方在大数据应用中的共享共赢。

## （二）大数据挖掘的难点

互联网金融正式进入破茧成蝶的大数据时代，传统银行业面临着前所未有的挑战。互联网时代海量的数据和分析工具，催生出很多新的金融业态，切入传统银行的禁地，它们比传统银行有更强的数据收集和分析能力，大数据应用可能对银行的一些观念和经营模式产生颠覆。

银行业具有天然的数据属性，但是与阿里巴巴等电商动态的数据采集系统相比，银行目前经营管理数据挖掘和采集方式仍比较落后。而且，不仅数据录入处于原始状态，一位信息系统的管理人员透露，目前银行仍有不少业务处理系统和管理系统缺乏标准化的统一设计，直接导致大数据二次开发难。

银行正逐渐意识到这一点，不少银行开始用移动终端直接录入客户信息。但是由于国家于电子类单据尚未立法保障，所以在今后一段时间内，银行大数据的获取仍离不开手工录入。在数据录入完成后，银行的每张纸质单据仍需作为凭证，归档库存。

除此之外，银行传统的数据库可能会涵盖客户的基本身份信息，更深一步的信息譬如性格特征、消费习惯、兴趣爱好等却是银行难以准确掌握的。而这正是互联网金融的强项。

互联网公司频频在已有的大数据基础上开展金融业务，这些业务跨过银行传统的信贷领域，开始向转账汇款、现金管理、资产管理、供应链金融、支付等领域蔓延。

互联网、电子商务等新兴企业在大数据处理经验、产品创新能力、市场灵活度等方面都拥有明显的优势，一旦涉足金融领域，将对银行造成很大的威胁。在这种情况下，银行更应激活利用内部的"沉睡数据"。

目前银行对数据的分析仍集中在结构化数据，譬如单据、借贷行为等等。对于非结构性数据，如客户浏览银行网站的行为信息、服务通话的语音信息、营业网点或 ATM 机的录像信息都无法分析，更谈不上挖掘利用。

麦肯锡公司的一份研报指出，这类非结构性数据中蕴含了丰富的客户信息，如客户身份、客户偏好、服务质量、竞争对手信息，等等。但现实中，此类数据除了少量的人工质检调阅外，几乎没有其他用途。

国际经验已经表明，加强数据分析能力会使银行具体业务收益得到改善。在国内银行转型的这个节点，加强数据分析，也有利于银行挖掘资源，找到独特的经营模式。


## 四、利用大数据金融的典型——浙江网商银行的运行模式

首批设立的五家民营银行已经基本形成各自的业务定位。其中，阿里系的浙江网商银行和腾讯系的微众银行致力于打造互联网银行，金城银行重点专注于财政金融、汽车金融、医疗卫生、旅游养老、节能环保、航空航天六大细分市场的公存公贷，民商银行围绕温州商人的需求

设计产品，华瑞银行则把专注资产管理作为业务核心。

互联网银行是典型的大数据金融的实践者，成立以来发展迅速：具体来看，网商银行开业 8 个月以来，服务小微企业的数量突破 80 万家，累计提供的信贷资金达到 450 亿元；微众银行的个人客户数已超 600 万户；推出 10 个月的微粒贷主动授信已超 3 000 万人，累计发放贷款超过 200 亿元。

我们以浙江网商银行为例说明纯网络银行的经营模式。浙江网商银行将纳入阿里巴巴的金融体系，充分获取阿里巴巴商业生态系统的电子商务平台、用户、数据和技术等资源，其经营模式将围绕线上运作、挖掘大数据、定位小微企业和个人用户进行布局。其运行特点有：

## （一）完全网络化运营

网商银行完全网络化运营，不设立实体分支机构，业务往来完全依托互联网渠道展开，业务处理主要通过银行计算机系统自动完成，并将大数据等现代信息技术用于业务创新。相比传统实体银行网商银行具有如下特征：一是业务覆盖面广，服务可覆盖现有的主流互联网终端 PC 端、移动端，未来甚至可借助物联网延伸至线下物理世界，没有物理网点营业时间、空间和地域的限制。二是业务可塑性强，网络化业务流程和产品设计极为灵活，可大量嵌入新型现代信息技术，能依据客户需求弹性调整以提供针对性金融产品和服务。三是流程高效便捷，通过互联网缩短与客户距离，去除繁琐手续，业务处理自动化程度高、系统响应迅速。四是运营成本低，不依赖大型固定资产和大量人工操作，降低固定资产购置、维护和人员薪酬支出，可转化为产品和服务的价格优惠，形成成本领先优势。

## （二）注重大数据应用

浙江网商银行对接阿里巴巴电子商务平台，充分挖掘平台内小微企业和个人用户积累的大数据资源。网商银行以大数据技术为依托，对阿里平台、物流企业等第三方机构的数据进行获取、集成、分析、解释，将大数据挖掘应用于三方面：一是精准营销，准确识别客户收入、偏好、需求等特征，据以细分客户，以恰当方式营销针对性产品和服务，实现金融资源供需的有效匹配；二是产品和服务创新，判断、预测客户需求和行业趋势，相应创新产品和服务并合理定价；三是贷款风险管理，用于贷前调查的信息采集，贷中审核的信用评级，贷后监督的实时监控，通过销售记录、客户评价、缴费清单等数据判断用户信用状况，通过订单物流信息、现金流水账等动态数据追踪其偿债能力和履约意愿，合理授信、量化风险、预警风险，提高风险控制能力，降低贷款业务的信用风险。

## （三）深入开发长尾市场

依据长尾理论，深入挖掘需求曲线长尾部分的市场能获得不亚于需求曲线前部主流市场的效益，即向传统金融所忽视的数量庞大的小微企业和普通个人提供针对性金融服务能产生巨大的总体收益，颠覆"二八定律"，是普惠金融的有效实践。浙江网商银行定位为零售银行，目标客户为阿里平台的小微企业和个人消费者，向其提供 20 万元以下的存款产品和 500 万元以下的贷款服务，即小存小贷，避开传统商业银行垄断的批发银行业务，挖掘长尾市场。一方面通过大数据应用分析平台内小微企业和个人需求，吸纳潜在客户，延展需求长尾；另一方面依据小微企业和个人的差异化需求，提供针对性金融服务，增加用户黏性，将重点解决长尾市场的资金需求问题，提供小微企业信贷业务、消费者金融服务，如小微企业短期小额信用贷款、供应链金融和消费者信用支付、分期网购等服务。

浙江网商银行与传统银行不同，它没有网点、信贷员。几家大型银行的员工数都超过10万人，而网商银行在全国的员工总数仅300人，其中，数据科学家占2/3。放贷由机器和大数据决定而不是人，众多业务将由机器和大数据来完成。大数据指的就是芝麻分、蚂蚁小贷（阿里针对有交易流水的卖家所推出的无担保无抵押的小额贷款项目）的信用分。网商银行的贷款是不需要任何担保和抵押的。

大数据会发现用户何时需要贷款，是否有能力偿还贷款，小微企业、个人消费者和农村用户，是网商银行的三大目标客户群体。

在网商银行贷款，流程可能是这样的：花费几分钟在电脑上填写并提交贷款申请，1秒钟之内贷款发放到你的账户，过程中零人工干预。网商银行每发放一笔贷款的成本不到2元钱，传统的线下贷款单笔成本则在2 000元左右。

从目前情况看，网商银行只针对阿里体系内的网商客户，贷款金额不超过500万元，目前它对商业银行尤其是国有大银行业务冲击还很小，但它的发展趋势已经清楚的表明，网络银行替代（至少部分替代）实体银行的脚步声已越来越近。

阿里金融的海外发展步伐也非常迅速：蚂蚁金服（浙江网商银行母公司）投资的印度Paytm公司，利用蚂蚁金服和支付宝的标准和技术，也已经让印度当地1.22亿用户获得平等的移动金融服务，并已经成为全球第四大电子钱包；在韩国，蚂蚁金服参股的互联网银行K-bank也正在紧锣密鼓地筹备当中。

2016年5月，蚂蚁金服宣布B轮融资45亿美元（约合292亿元人民币）已经募集完毕，目前已经完成交割。这也是全球互联网行业迄今为止最大的单笔私募融资，意味着互联网金融的中国模式已经领先全球。此轮融资完成后，蚂蚁金服的估值已经达到 600 亿美元（约合 3 895 亿元人民币），这已经接近交通银行的市值，但 2015 年交通银行净利润 665 亿元，而蚂蚁金服净利润仅为 26 亿元。由此可见作为蚂蚁金服核心能力的大数据和云计算得到资本市场的高度认可，其平台化、轻资产的发展方式已经不能用传统的资产负债表来衡量。市场给予蚂蚁金服高估值，实际上是看好它的未来发展潜力，大数据在互联网时代已经成为最有价值的资产。

第三章

# 第三方支付——一场支付领域的革命

我国还没有建立全国性的征信系统，社会总体上缺乏诚信，信任问题是买卖双方碰到的最大问题，第三方支付有效地解决了这一问题，同时第三方支付也已经全面介入人们的日常生活，缩短了交易时间，减少了交易成本，简化了交易步骤。但同时也存在支付安全、非法套现和交易对象无法控制问题。

# 一、第三方支付的由来及模式

第三方支付起源于美国的独立销售组织（Independent Sales Organizatio, ISO）制度，收单机构和交易处理商委托 ISO 做中小商户的发展服务和管理工作。企业开展电子商务势必接受信用卡支付，因而需要建立自己的商业账户（以商业为目的接受和处理信用卡订单而建立的特殊账户），收单银行必须是维萨卡（VISA）或万事达卡（MasterCard）的成员银行，收单机构的商户拓展、评估、风险管理、终端租赁、终端维护、客户服务等需要借助 ISO 完成，ISO 扮演着商户与收单机构的中介作用。目前的第三方支付主要为，第三方支付服务商通过和银行、运营商、认证机构等合作，并以银行的支付结算功能为基础，向企业和个人用户提供个性化的支付结算服务和营销增值服务。

世界上第一家互联网第三方支付服务商是美国的 PayPal Inc.（贝宝），成立于 1998 年 12 月，也是目前世界上最大的第三方在线支付平台系统运营商，纳斯达克上市公司。

与许多行业一样，中国只是追随者，但一旦一种商业模式与中国庞大的消费群体及快速增长的经济相结合，就很快产生了"青出于蓝而胜于蓝"效果。

目前，中国第三方支付市场不仅在规模上是世界第一，业务种类也是全世界最全的。

## （一）第三方支付的模式

目前，对第三方支付的分类都不尽相同，主要的分类方式主要有：一是中国人民银行《非银行支付机构网络支付业务管理办法》中对第三方支付的分类；二是根据提供第三方支付服务的主体性质进行的分类。这两种分类分别是从现行监管的便利、支付业务不同属性特点出发对主流的支付业务进行分类。

## （二）《非金融机构支付服务管理办法》中的分类

### 1. 网络支付

网络支付，是指依托公共网络或专用网络在收付款人之间转移货币资金的行为，包括货币汇兑、互联网支付、移动电话支付、固定电话支付、数字电视支付等。网络支付以第三方支付机构为支付服务提供主体，以互联网等开放网络为支付渠道，通过第三方支付机构与各商业银行之间的支付接口，在商户、消费者与银行之间形成一个完整的支付服务流程。

根据网络支付服务具体业务流程的不同，网络支付，尤其是其中的互联网支付主要存在两种模式：支付网关模式和虚拟账户模式，虚拟账户模式还细分为信用中介型虚拟账户模式和直付型虚拟账户模式两种。

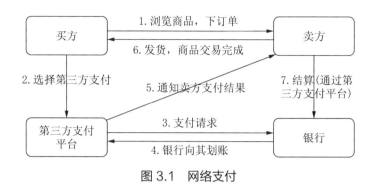

图 3.1　网络支付

支付网关模式又称为网关支付，是电子商务中使用最多的一种互联网支付服务模式。该模式的主要特点是在网上商户和银行网关之间增加一个第三方支付网关，由第三方支付网关负责集成不同银行的网银接口，并为网上商户提供统一的支付接口和结算对账等业务服务。在这种模式下，第三方支付机构把所有银行网关（网银、电话银行）集成在了一个平台上，商户和消费者只需要使用支付机构的一个平台就可以连接多个银行网关，实现一点接入，为商户和消费者提供多种的银行卡互联网支付服务。

虚拟账户模式是指第三方支付机构不仅为商户提供银行支付网关的集成服务，还为客户提供了一个虚拟账户，该虚拟账户可与客户的银行账户进行绑定或者对接，客户可以从银行账户等资金源向虚拟账户中充入资金，或从虚拟账户向银行账户注入资金。客户在网上的支付交易可在客户的虚拟账户之间完成，也可在虚拟账户与银行账户之间完成。

虚拟账户型支付模式加快了资金清算速度，减少了使用银行支付服务的成本。虚拟账户模式不仅具有支付网关模式集中银行支付接口的优点，还解决了交易中信息不对称的问题。（1）通过虚拟账户对商户和消费者的银行账号、密码等进行屏蔽，买家和卖家都不能互知对方的此类信息，由此减少了用户账户机密信息暴露的机会；（2）可为电子商务等交易提供信用担保，为网上消费者提供信用增强，由此解决中国互联网支付的信用缺失问题。当然，在具体业务操作过程中，当虚拟账户资金被真实转移到客户银行账户之前，是汇集起存放在第三方支付机构的银行账户中的。

在虚拟账户模式下，虚拟账户是非常重要的，是所有支付业务流程的基本载体，根据承担的功能，虚拟账户模式又可细分为信用中介型虚拟账户模式和"直付型虚拟账户模式"两类。

在信用中介型虚拟账户模式中，虚拟账户不仅是一个资金流转的载体，而且还起到信用中介的作用。这里所谓的信用中介，是指提供信用中介型支付模式的第三方支付机构将其自身的商业信用注入该支付模式中：交易发生时，先由第三方支付机构暂替买方保存货款，待买家收到交易商品并确认无误后，再委托第三方支付机构将货款支付给卖家。支付宝提供的虚拟账户支付服务就是一种典型的信用中介型支付模式。

直付型虚拟账户模式交易流程较为简单，支付平台中的虚拟账户只负责资金的暂时存放和转移，不承担信用中介等其他功能。如果要实现直付型账户支付模式，买卖双方首先在支付平台上设置虚拟账号，并进行各自银行账户与虚拟账户的关联。在交易过程中，支付平台根据支付信息将资金从买家银行账户转移到买家虚拟账户、再从买家虚拟账户转移到卖家虚拟账户，并最终划付给卖家的银行账户，整个交易过程对买卖双方而言，都通过虚拟账户进行操作并实现。提供直付型账户模式的第三方支付机构也很多，国外知名的公司有 PayPal，国内则有快钱、盛付通。

2. 预付卡发行与受理

预付卡，是以先付费后消费为支付模式，以盈利为目的而发行的，可购买商品或服务的有预付价值的卡，包括磁条、芯片等卡片形式。预付卡与银行卡相比，它不与持卡人的银行账户直接关联。

市场上流通的预付卡主要可分成两大类，一类是单用途预付卡：企业通过购买、委托等方式获得制卡技术并发售预付卡，该卡只能在发卡机构内消费使用，主要由电信、商场、餐饮、健身、美容美发等领域的企业发行并受理；另一类是多用途预付卡，主要由第三方支付机构发行，该机构与众多商家签订协议，布放受理 POS 终端机，消费者可以凭该卡到众多的联盟商户刷卡进行跨行业消费，典型的多用途卡有斯玛特卡、得仕卡等。

3. 银行卡收单

银行卡收单业务是指收单机构通过银行卡受理终端为银行卡特约商户代收货币资金的行为。其中，受理终端是指通过银行卡信息读入装置生成银行卡交易指令要素的各类支付终端，包括销售点（POS）终端、转账 POS、电话 POS、多用途金融 IC 卡支付终端、非接触式接受银行卡信息终端、有线电视刷卡终端、自助终端等类型；收单机构，是指与特约商户签订银行卡受理协议并向该商户承诺付款以及承担核心业务主体责任的银行业金融机构和非金融机构。本文所指的银行卡收单特指当

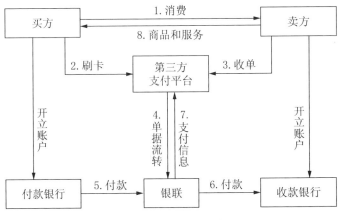

图 3.2　银行卡收单流程

第三方支付机构作为收单机构，通过受理终端为签约商户代收货币资金的支付结算服务。

### （三）按第三方支付机构主体分类

按照支付机构是否具有独立性可以分为两类：（1）独立的第三方支付机构：本身没有电子商务交易平台也不参与商品销售环节，只专注于支付服务，如快钱、通联支付、汇付天下等；（2）非独立的第三方支付机构：支付机构与某个电子商务平台属于集团联盟或者战略联盟关系，主要为该电子商务平台提供支付服务。如支付宝、财付通、盛付通等分别依托于淘宝网、拍拍网和QQ、盛大网络。

按照企业类型可分为两大类：（1）以支付宝、财付通为首的互联网型支付企业；（2）以银联商务、快钱、汇付天下、易宝、拉卡拉等为首的金融型支付企业。

按支付机构的业务范围可以分为：（1）单一业务支付机构：只从事某一类别支付业务的支付机构，如只从事银行卡收单的杉德，只从事预付卡的资和信等；（2）综合业务支付机构：指从事多样化支付业务的支付机构，如快钱、通联支付等。

# 二、我国第三方支付的发展历程

"第三方支付"作为资金支付结算的环节，在我国按发展历程分为："线下支付"、"线上支付"和"移动支付"。"第三方"支付起于"线下支付"，兴于"线上支付"，并将迎来"移动支付"的曙光。

国内第三方支付发展的重要节点：

2002 年 12 月，中国银联控股的银联商务成立；

2003 年 5 月，京东集团全资子公司——网银在线成立；

2004 年 12 月，阿里系的支付宝网站建立并上线；

2005 年 1 月，拉卡拉成立；

2006 年 7 月，汇付天下成立；

2005 年 9 月，腾讯正式推出财付通在线支付平台；

2011 年，苏宁云商旗下的独立第三方支付公司——易付宝成立；

2014 年初，微信红包出现，迅速将微信支付推上顶峰；

2014 年 12 月 26 日，万达出资 20 亿元购买快钱 51% 股权；

2016 年 2 月 18 日，Apple Pay 进入中国；

2016 年 3 月 29 日，Samsung Pay（三星智付）在国内上线；

## （一）线下支付

在线下支付中，主要有收单机构、转接机构和发卡机构。其中收单机构和发卡机构可以是银行或第三方支付机构，而转接机构则必须由银联来承担。

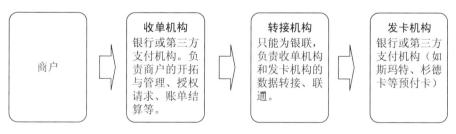

图 3.3 线下支付的流程

根据速途研究院数据表明，2015 年第三季度的支付交易结构中，线下收单业务的交易规模占比最高，为 47.1%，但其占比相较之前继续减少，显然线下收单的传统支付方式正逐步被其他支付方式所代替。

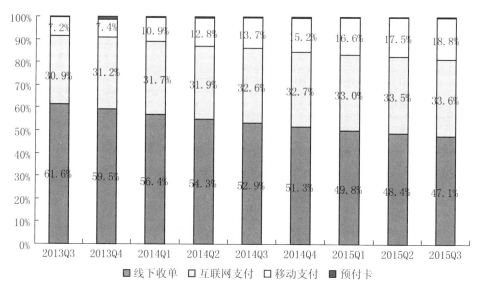

图 3.4　2013 年第 3 季度至 2015 年第 3 季度中国第三方支付交易结构

## （二）线上支付

线上支付主要为之前提到的网关支付和虚拟账户支付。

从流程上，线上支付与线下支付最大的不同在于不再需要转接机构（银联），此外，由于没有转接机构和虚拟账户的应用，线上支付更具开放性。我国线上支付经历了以下阶段：

1998—2002 年网关支付阶段：1998 年确定电子商务工程启动，首都电子商务成为网上交易与支付中介的示范平台。1999 年，易趣网、当当网相继成立，为了适应网上支付需求，中国诞生了第一家第三方支付公司——首信易支付，但它实现的仅仅是指令传递功能，把用户的支付需求告知银行，转接到银行的网上支付页面。

2003—2007 年信用中介阶段：2003 年，网络购物还处于萌芽阶段，支付形式单一，买卖双方互不信任的问题是网络购物停滞不前的主要原因，淘宝网为了吸引更多的网购人群，将规模做大，2003 年 10 月设立支付宝业务部，开始推行"担保交易"。支付宝打造了具有信用中介功能为一体的虚拟账户，创建崭新的信用中介模式。2005年腾讯旗下的支付公司"财付通"成立，随后全球最大的支付公司PayPal高调进入中国，而马云在当年的瑞士达沃斯世界经济论坛上首次提出了第三方支付平台的概念。

2008—2009年行业支付阶段：伴随现代网络技术发展，以及企业信息化进程的推进，第三方支付向传统行业不断渗透，拓展其中的支付结算市场，第三方支付工具从单纯的网购走向更多领域，逐步渗透到全面综合电子支付服务行业领域。此时第三方支付不仅带有支付清算服务的特性，而且包含信用中介服务功能，同时还兼备部分融资特性。2009年中国互联网支付市场规模达到5 766亿元，大大小小的企业也达到300多家。而此时，整个支付行业也处于监管空白期，第三方支付企业的金融风险管理跟不上快速发展的要求。不少第三方支付企业将客户备付金挪用于企业其他投资，新兴互联网支付手段也增大了洗钱、套现、赌博和欺诈等非法活动的风险。

2010年以后的规范与监管阶段：2010年中国人民银行颁布《非金融机构支付服务管理办法》，确定了通过申请审核发放支付牌照的方式把第三方支付企业正式纳入国家的监管体系下。2011年9月开始，非金融机构如果没有取得第三方支付牌照，将被禁止继续从事支付业务。自此，第三方支付行业进入从量变到质变的突破，也日渐成为互联网金融行业发展的一种重要形态。自2011年以来到2015年8月，央行已经分8批陆续发放270张第三方支付牌照，预付费卡支付牌照占据整个牌照数量的60%以上，也出现多次的风险事件，目前央行注销了浙江易士支付的预付卡支付牌照，注销了广东益民支付牌照，全国牌照总体数量从270家下降到268家。

据易观智库发布的《2016—2018 年中国第三方支付市场趋势预测专题报告》显示，中国第三方互联网在线支付市场保持相对稳定的增速，2015 年同比上涨 55%，涨幅比 2014 年高 4.4 个百分点。中国互联网络信息中心（CNNIC）发布的《第 37 次中国互联网络发展状况统计报告》显示，截至 2015 年底，我国使用网上支付的用户规模达到 4.16 亿，较 2014 年底增加 1.12 亿，增长 36.8%。与上一年相比，我国使用网上支付的比例从 46.9% 增长至 60.5%。

### （三）移动支付

移动支付是线上支付与线下支付的结合。移动支付主要有三种途径：

（1）短信支付：是移动支付最早的应用方式，用户通过短信方式完成交易指令，由移动运营商完成相关缴费和消费。短信支付由于安全和应用场景的限制，占比不断萎缩。

（2）移动互联网虚拟账户支付：主要通过智能移动终端接入互联网完成支付，是互联网支付的一个延伸和扩展。

（3）NFC（移动近端支付）：通过无线或射频等近距离通信技术，使移动终端和 POS 机等交易终端实现无线通讯，从而实现移动支付。NFC 虽然占比在不断提升，但从中长期来看，还面临着成本障碍、行业标准和应用场景等多方面的制约。

移动支付的井喷式增长从 2014 年开始。2014 年全年交易额由 2013 年的 1 万亿元增长至 6 万亿元，2015 年市场规模同比增长 57%，总规模达 9.31 万亿元。

比达咨询（BigData-Research）发布《2015 年度中国第三方移动支付市场研究报告》显示，我国第三方移动支付市场由于巨头的补贴和

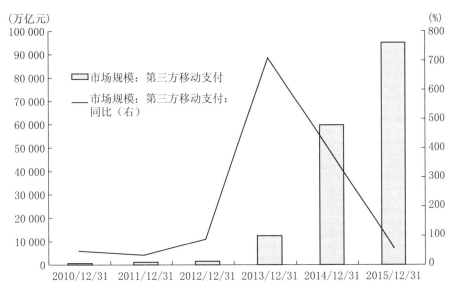

资料来源：wind。

图 3.5　第三方移动支付市场规模

APP 的活跃，使得人们的习惯逐步适应移动端，移动支付在 2013 年至 2014 年得到高速发展。在线上增长相对缓和后，各大第三方支付机构开始扩展线下市场，使其线下消费场景的业务得到快速增长。

中国互联网络信息中心（CNNIC）发布的《第 37 次中国互联网络发展状况统计报告》显示，2015 年手机网上支付增长尤为迅速，用户规模达到 3.58 亿，增长 64.5%，是整体网上支付市场用户规模增长速度的 1.8 倍，使用手机网上支付的比例由 39.0% 增长至 57.7%。至 2016 年初，我国第三方移动支付中，支付宝和微信占据约 90% 的市场份额。

在 NFC 支付市场方面，2016 年 2 月 Apple Pay 入华后，三星也推出自己的移动支付，国内的小米、华为也陆续推出自己的移动支付产品。基于 NFC 技术的 Apple Pay、Samsung Pay、Huawei Pay 等必须在智能 POS 机上使用，这些 POS 机主要由拉卡拉、联动优势、快钱等第三方支付公司来提供。近年来，我国的联网 POS 机数持续保持高速增长。联网

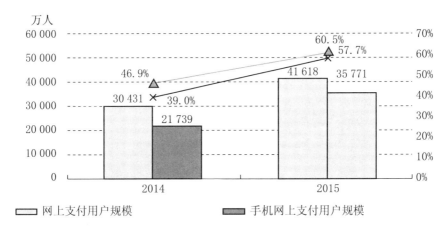

资料来源：CNNIC 中国互联网络发展状况统计调查，2015 年 12 月。

图3.6　2014—2015 年网上支付 / 手机网上支付用户规模及使用率

POS 机数由 2014 年初的近 1 000 万台增长到 2015 年 9 月的 2 000 万台。预计随着线下支付市场的爆发，2016 年联网 POS 机数有望增加到 3 000 万台，线下支付交易额也将快速增加。

# 三、第三方支付的利与弊

## （一）优点

（1）简化交易操作。第三方支付平台采用与众多银行合作的方式，从而极大地方便了交易的进行，对于商家来说，不需要安装各个银行的认证软件，从一定程度上简化了操作。

（2）降低商家和银行的成本。商家第三方支付平台可以降低企业运营成本；对银行而言，可以直接利用第三方的服务系统提供服务，通过第三方平台银行可以扩展业务范畴，同时也节省了为大量中小企业提供网关接口的开发和维护费用。第三方支付平台能够提供增值服务，帮助商家解决实时交易查询和交易系统分析，提供方便及时的退款和止付服务。

（3）保持独立。第三方支付平台可以对交易双方的交易进行详细的记录，从而防止交易双方对交易行为可能的抵赖，以及为在后续交易中可能出现的纠纷问题提供相应的证据。对商家而言，通过第三方支付平台可以规避无法收到客户货款的风险，同时能够为客户提供多样化的支付工具。尤其为无法与银行网关建立接口的中小企业提供了便捷的支付平台。对客户而言，不但可以规避无法收到货物的风险，而且货物质量在一定程度上也有了保障，增强客户交易的信心。

（4）第三方支付平台的个性化服务，使得其可以根据被服务企业的市场竞争与业务发展所创新的商业模式，同步定制个性化的支付结算服务。

## （二）缺点

（1）风险问题。在电子支付流程中，会出现资金在第三方支付服务商处滞留即出现所谓的资金沉淀，如缺乏有效的流动性管理，则可能存在资金安全和支付风险。同时，第三方支付机构开立支付结算账户，先代收买家的款项，然后付款给卖家，这实际已突破了现有的诸多特许经营的限制，它们可能为非法转移资金和套现提供便利，因此形成潜在的金融风险。在移动支付时代，由于科技日新月异，在国家标准还未相应制定的情况下，安全隐患问题也比较突出，以二维码支付为例，"付款人扫描收款人的二维码"时，二维码背后可能植入病毒或恶意链接，使资金失窃。

（2）电子支付经营资格的认知、保护和发展问题。第三方支付结算属于支付清算组织提供的非银行类金融业务，以牌照的形式提高门槛。因此。对于那些从事金融业务的第三方支付公司来说，面临的挑战不仅仅是如何赢利，更重要的是能否拿到将要发出的第三方支付业务牌照。

（3）法律、法规支持问题。在保护电子商务交易的同时，从支付认证、支付标准和交易公开性的角度看，中国必须考虑建立一些标准，为工商管理、税收管理和政府的行业管理作技术上和政策上的准备。如何规范电子支付业务、防范支付风险、保证资金安全、维护广大商户和用户在电子支付活动中的合法权益，已成为影响中国电子支付产业健康发展的关键问题。《支付清算组织管理办法》和《电子支付指引》(第二号)法规的颁布，将一定程度解决这个问题。

（4）业务革新导致监管问题。因为支付服务客观上提供了金融业务扩展和金融增值服务，其业务范围必须明确并且要大胆推行革新。由于互联网支付技术及产品创新的步伐太快，监管远远落后于技术和产品创新，存在较大的资金风险隐患。比如e租宝事件的爆发，由于产品形式过于新颖，监管不到位，最终导致危机爆发。

（5）恶性竞争问题。电子支付行业存在损害支付服务甚至给电子商务行业发展带来负面冲击的恶意竞争的问题。国内的专业电子支付公司已经超过40家，而且多数支付公司与银行之间采用纯技术网关接入服务，这种支付网关模式容易造成市场严重同质化，也挑起了支付公司之间激烈的价格战。由此直接导致了这一行业"利润削减快过市场增长"，在中国，惯用的价格营销策略让电子支付行业吞下了利润被摊薄的苦果。

# 四、第三方支付的发展现状

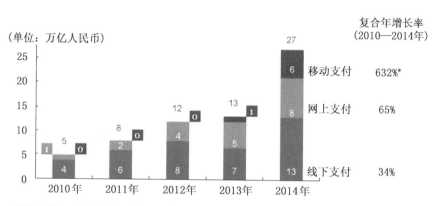

资料来源：普华永道：《2016 年移动互联网金融报告》。

图 3.7　中国第三方支付市场规模（2010—2014 年）

根据普华永道报告，2014 年移动支付井喷式增长至交易额 6 万亿元人民币；网上支付也保持稳定的增长，全年共计交易额 8 万亿元人民币；传统线下支付份额不断下降。

其中，移动支付已有 37 家公司获得移动支付牌照，90 家获得互联网支付牌照的公司也有权经营移动支付业务；生活类移动应用 O2O 的快速发展，如优步、饿了么、格瓦拉、大众点评等，以及线上线下结合的移动支付（如以"全家"为代表的便利店、以"优衣库"等为代表的零售实体店）的全面推广，为移动支付贡献了巨大的第三方移动支付份额。而支付宝和财付通（微信支付）在各自的移动钱包上整合了多种金融累功能（如红包、当面付、余额宝等）以锁定现有用户并不断吸引新用户。

随着电商产业的发展，至 2015 年，线上购物已经占据 40% 的市场份额。在该市场中，支付宝通过其在电商渠道上的优势占据市场领先地位。

线下支付仍然占最大比例，但其以 POS 收单为主的业务模式已经相对稳定，随着移动支付与线下的结合，未来传统线下支付市场的份额将不断缩水。

虽然第三方支付市场在不断发展，但市场的竞争格局相对较为稳定。

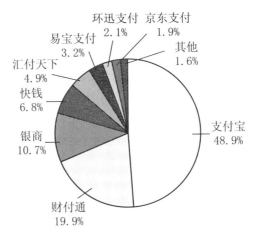

注：（1）互联网支付是指客户通过桌式电脑、便携式电脑等设备，依托互联网发起支付指令，实现货币资金转移的行为；（2）统计企业中不含银行、银联，仅指规模以上非金融机构支付企业；（3）2015 年第 1 季度中国第三方互联网支付交易规模为24 308.8 亿元；（4）艾瑞根据最新掌握的市场情况，对历史数据进行修正。

资料来源：综合企业及专家访谈，根据艾瑞统计模型核算。

图 3.8　2015 年第 1 季度中国第三方互联网支付交易规模市场份额

从图 3.8 可以看出，几家第三方支付企业基本上占据了整个市场份额，并呈现出支付宝一家独大的局面。从 2014 年第 2 季度的数据看，阿里巴巴旗下的支付宝和腾讯的财付通（微信支付）虽然相对前几年份额都有所下降，但仍然占据着支付市场的半壁江山，而银联在线和其他第三方支付企业市场份额都有所提升，但相对排名基本不变，第三方支付整体市场格局相对稳定。

移动支付业务中，由财付通（微信支付）首创的扫码支付在支付宝和微信支付的推动下发展迅猛。在扫码支付领域，第三方支付扮演角色类似于银行卡收单中发卡行和清算行的角色，由于第三方支付跟各大银行直连，通过第三方支付发生的银行间交易不需要银联的清算。支付宝和财付通（微信支付）在此市场内占据了九成以上份额。

1. 支付宝

支付宝从交易额和用户数量上都是国内最大的在线/移动支付方，截至 2015 年 6 月底，支付宝实名用户数量已经超过 4 亿，与超过 200 家金融机构达成合作，并支持 12 种货币交易。

截至 2015 年第三季度，支付宝占据 47.6% 的互联网支付市场，并占有第三方移动支付市场 70% 的份额。

同时，支付宝积极开拓海外市场，涵盖众多海外购物网站（如美国 GNC 等）及购物实体店（如韩国乐天免税店等），2016 年 4 月，支付宝宣布进军欧洲，除提供支付服务之外，3 年还将接纳 100 万家海外商户，为中国出境游用户提供欧洲当地吃喝玩乐等生活服务。未来 5 至 10 年，支付宝预计用户（包括海外用户在内）将增加至 20 亿。

2. 财付通（微信支付）

中国第二大的移动支付方，腾讯公司基于其中国最大的即时通讯软件及游戏服务平台——QQ 与微信，在短期内拥有庞大的客户群。财付通（微信支付）的个人用户已达 2 亿多，服务的企业客户超过 40 万，覆盖包含即时通讯、游戏、电商、保险、电信、物流、钢铁、基金等行业。截至 2015 年第三季度，财付通（微信支付）占据 20.1% 的互联网支付市场，并占有第三方移动支付市场 19.2% 的市场份额，紧随支付宝之后。

在拓展海外市场方面，2015 年 12 月初，微信支付将海外首站选在南非，2016 年将在台湾提供"微信支付"，主要瞄准大陆观光客市场。目前，微信支付支持日元、韩元等 9 大币种，服务范围覆盖超 20 个国家和地区。

第三方支付的产业集中度较高，由产业集中判断，第三方支付行业排名前三家企业的市场占有率超过 80%，已经形成寡头垄断市场，进入巨头竞争时代。在牌照监管下，第三方支付不再是小公司能够承担的事情，一系列兼并、收购和融资浪潮即将开展，第三方支付领域今后更多的是巨头们的竞争。

# 五、引起热议的 Apple Pay

2016 年 2 月 Apple Pay 入华引起热议。与支付宝、微信等被大众广泛运用的扫码支付方式不同，Apple Pay 采用的是 NFC 技术，用户需要把手机靠近有该技术标志或 Apple Pay 标志的 POS 机，并使用苹果智能终端指纹认证功能完成支付。消费者使用 Apple Pay 需要三个前提：拥有 Iphone 6 以上型号的手机或智能手表，绑定合作银行信用卡或储蓄卡，靠近非接触式支付的 POS 机。

在 NFC 近场支付模式下，需要有银行卡、NFC 智能移动终端、NFC 近场通讯技术、受理终端。目前银行卡与 NFC 智能移动终端合二为一，省去了随身携带银行卡的麻烦，支付更加方便，其相关参与方的关系见图 3.9：

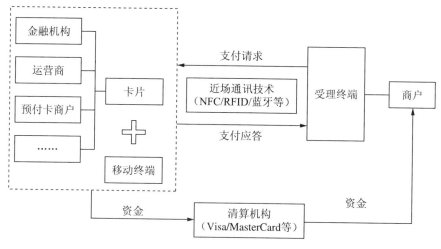

图 3.9　第三方支付流程

NFC 业务具有较高的安全性。其信用加密等安全功能集成在硬件上，相比其他基于软件应用的互联网支付，更多一层屏障。

近年来，随着智能手机日渐普及，配备 NFC 功能的智能手机出货量大增。据研究公司 HIS Technology 表示，NFC 手机出货量已经从 4.16 亿台攀升至 12 亿台。该公司还预测，从 2013 年到 2018 年底，出货量有望增长 325%。

经过多年的不懈努力与试错，NFC 手机支付业务在国际市场已呈现继往开来的局面。2012 年以来，继谷歌钱包（Google Wallet）、星巴克移动支付应用（Starbucks mobile payment app）逐步获得市场认同后，2014年 9 月初麦当劳宣布将在美国全境推出基于 NFC 支付的手机订购套餐服务。目前，NFC 手机支付产品还包括万事达卡的 PayPass、Telefonica的 O2 Wallet 以及 VISA 的 V.me 等。最引人瞩目的莫过于 2014 年 9 月苹果公司推出的 Apple Pay 支持 NFC 支付，并携手包括美国银行、花旗银行、大通银行等众多美国顶级银行共同推广。NFC 支付在欧洲的发展势头同样迅猛，仅 2013 年一年，万事达和万事顺在欧洲的 NFC 交易笔数就翻了3番，交易量增加4倍。为此，万事达在欧洲设置了为期6年的时间框架，要求所有商户务必在2020年将现有全部终端升级至NFC受理标准。根据Forrester Research的相关预测，到2016年，美国1/4的消费者会拥有至少一台具备NFC功能的手机。万事达的数据则指出到2018年，全球三部移动电话中就有两部具备NFC功能。一旦用户将NFC手机支付嵌入个人生活，创新的步伐必然加快。

根据国际上的经验，因为Apple Pay的引入，以及今后更多的境外第三方支付公司加入竞争，我国的第三方支付平台接下来可能打破目前相对稳定的格局。

## 六、第三方支付的发展趋势

在第三方支付快速布局的时代，其未来盈利模式值得关注。

据艾瑞咨询预测，2016年中国第三方支付网上交易规模将达到15.6万亿元，按照2015年11月16日，支付宝宣布下调后的小微商户收单服务费率0.6%（除部分特殊行业外）计算，2016年第三方支付行业的收入936.6亿元，剔除市场影响力具有绝对优势的支付宝和财付通（微信支付）后的行业收入空间仅为281.0亿元，扣减银行交易费用和各种推广补贴后，单一网络支付的通道收益并不高。另外，第三方支付企业参与线下收单业务，央行统一收费标准的平均值为0.80%，在产业链中作为收单机构参与收入分成，比例只有二成且还要与银行竞争，收入空间也不会太大。

但统计数据也表明，整个包括移动支付在内的互联网支付的快速扩张得益于用户数量的节节攀升。这就带来了第三方支付衍生收益的价值，即通过客户信息、交易信息的聚合，衍生出如互联网营销、征信、金融等增值服务。因此，第三方支付也成为了互联网金融行业中重要的一环，有助于打通各项业务节点形成生态闭环。由第三方支付行业的盈利模式可以看到，通道业务是入口，行业竞争的核心是在由通道属性衍生出来的增值服务。

目前增长最快的移动支付最深刻的意义在于消费者第一次可以通过智能终端详细记录个人消费数据。包括支付的：金额、时间、地点、频率、商品／服务。传统银行体系铺设支付通道、收取支付手续费的模式将成为过去，基于支付数据的服务将完整地融入各类交易分成中去，这将是移动支付创造的最大增量价值，具体服务包括：征信、精准营销、流水贷、消费金融、用户忠诚管理，等等。

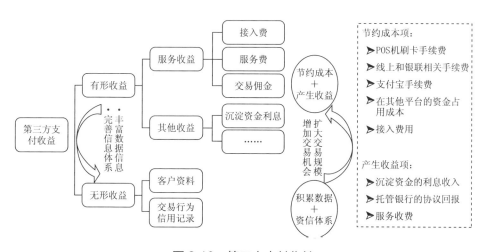

图 3.10　第三方支付收益

对于第三方支付公司来说，预计后期其盈利点主要为以下几个方面：

1. 手续费

手续费，即第三方支付向用户收取的手续费和向银行支付的手续费之差，一般指第三方支付中的线下收单业务。针对个人客户主要有的转账、提现、外币支付等交易方式，针对企业主要有布放 POS 机、为企业提供款项查询、转移支付、退款等清算交易。

支付行业传统的收益来源是手续费，其增长主要依靠规模效应。银行支付体系参与方包括：发卡行、收单方、清算方，三方手续费大致按 7：2：1 的比率划分。不同行业手续费率不同、整体在 0.25%—1.25% 之间，即传统的支付服务本质上是一种通道服务。虽然移动支付市场的规模在不断扩张，但是对于整体支付体系来说，其实质是交易资金的转移，即从现金和卡转向智能手机，在手续费率稳定的情况下，支付体系并没有创造更多的利润。

所以依靠支付手续费盈利的模式将成为过去，支付行业需要寻求新的增长动力。

2. 平台衍生收入

第三方企业依托平台累积客户资源，制造支付场景创造平台衍生收入。分别对企业端客户及个人客户端客户提供金融服务或产品销售、例如蚂蚁金服依托支付宝第三方支付平台，拓展业务至小额贷款、网络银行、在线融资、在线理财、保险等多个衍生领域。

3. 沉淀资金利息

客户在使用虚拟账户消费转账过程中，会在备付金账户内沉淀出一定规模的资金。这部分资金的利息收入归第三方支付机构所有，但只能进行银行存款、基金购买，不能进行放贷等投资。

4. 精准营销和商业智能

基于数据的支付增值服务是支付产业链当中差异化能力最高的一环：支付业务本身具备同质性，而支付交易数据具备高频、时效性好、信息量大的特点，通过寻交易数据变现的途径扩展商业模式、成为支付公司谋求长期发展的必然方向。

在积累用户交易数据和场景化的业务数据基础上，通过数据分析，为用户推送个性化的营销服务信息，提升营销转化率。在O2O服务中，支付是连接线上线下，实现交易闭环的重要环节，支付在O2O服务的渗透有助于线下数据线上化（线下向线上导流），而线上数据不断丰富更有助于个性化推送的实现（线上向线下导流）。

5. 金融

支付向金融延伸主要包括三个方面：

（1）以支付数据的情况为消费者和商户画像，开展具有针对性的信贷服务。

（2）通过支付平台向用户推广理财产品（兼具精准营销属性）。

（3）以支付过程中沉淀的用户和商户交易信息、经营状况、资金流向等数据为基础，提供征信、增信等服务。

结合第三方支付的盈利模式可以预测第三方支付的发展趋势：

1. 应用领域不断扩展

从第三方支付业务涉及领域来看，激烈竞争促使第三方支付企业不断拓展应用领域。支付业务的竞争门槛较低，极易复制，第三方支付企业在银行渠道、网关产品以及主要细分服务市场等方面的差异性越来越小，产品同质化现象明显。在网购、航空、游戏、电信充值等传统支付服务细分领域价格战已经非常激烈。

2. 支付方式不断创新

移动互联网浪潮已然来临，随着智能手机不断普及，3G甚至4G标准不断推广，第三方支付企业必然顺势而为，创新支付方式，打造以移动支付为核心的线下支付方式。

随着以移动支付为核心的线下支付方式不断发展，第三方支付将通过账户打通线上和线下资源，不仅为用户提供一体化的智能收单服务，还有助于第三方支付企业打造 O2O 的支付模式。

3. 业务模式多元化

从业务模式转型看，第三方支付行业的发展呈现出业务多元化、金融化的趋势。业务模式多元化、金融化的转型不仅有助于第三方支付企业的业务创新，还会使其通过多元化的业务布局获得协同效应，提升资金流转效率，促使第三方支付快速发展。

第四章

# 众筹——创业者的福音

众筹作为近年来很火的互联网金融模式，不仅筹钱，还筹人、筹智，还往往和大众创业联系在一起，虽然发展迅速，但速度远远比不上第三方支付、大数据金融、P2P 等其他互联网金融模式，而且成功率偏低？为什么说众筹很容易踩非法集资的法律红线？现在房价高居不下，能否通过众筹来开发房产？

# 一、众筹的商业模式

众筹（crowd-funding）是一种社会大众通过互联网为企业或个人发起的项目进行小额投资的新兴的商业模式。按照中国的古话，就是"聚沙成塔、集腋成裘"或者更通俗点"众人拾柴火焰高"，但真正意义上的众筹起源于十几年前的美国，世界上最早建立的众筹网站是成立于 2001 年 ArtistShare，该众筹平台主要面向音乐界的艺术家及其粉丝。ArtistShare 公司的运作模式是艺术家通过该网站采用"粉丝筹资"方式发布需要的筹资项目，音乐爱好者选择感兴趣的项目进行投资，爱好者获得的投资回报为：可以观看唱片的录制过程、获得仅在互联网上销售的专辑或者观看唱片特别收录或特别制作的部分。在互联网通讯技术的推动下，众筹逐渐成为一种适合于中小企业和创业者的融资模式。

众筹主要包括三个参与方：筹资人、平台运营方和投资人。其中，筹资人就是项目发起人，在众筹平台上创建项目，介绍自己的产品、创意或需求，设定筹资期限、筹资模式、筹资金额和预期回报率等；平台运营方就是众筹网站，负责审核、展示筹资人创建的项目，提供服务支持；投资人则通过浏览平台上的各种项目，选择适合的投资目标进行投资。

众筹属于众包的一种类型。企业选择将企业价值链上的一些环节依托互联网外包给众多消费者完成的行为被称为"众包"。众包的实质是消费者参与到企业价值创造和创新过程中，这被营销学者称为顾客创新。在网络社会的背景下，伴随着网络通讯技术的发展，消费者的角色及行为发生了变迁。一般的众包是让消费者参与企业的产品或服务的技术创新，以及经营和营销过程，消费者不再是纯粹的消费者，而兼有生产者的角色，成为"产消者"。美国未来学家托夫勒提出了"产消者"的概念，并预言人类文明将迈向"生产者和消费者再次合一的个性化文明"。"产消者"的兴起正在重塑着经济生产主体与生产方式、企业创新模式与组织模式，是社会经济结构的一种变革。相应地，众筹就是让消费者参与到了企业投融资环节中，成为企业的投资者。需要融资的企业一般选择商业银行、证券公司等金融中介获得债务性融资，或者通过公开发行股票获得股权性融资。企业通过众筹融资时不再完全依靠金融中介，而是依靠网络平台及大众投资者来完成。企业通过众筹平台，实现了企业全部或部分融资环节对大众的外包。

众筹的流程和主要模式：

众筹模式中的核心是众筹平台，它连接了大众投资人和需融资企业（或个人）。投资人通过众筹平台了解筹资的信息和金额，并通过平台与筹资人进行沟通；当确定需要投资的项目时，会与众筹平台和筹资人签订协定，通过银行或者支付机构支付资金，银行或支付机构先保管投资人资金作为保证金。如果企业筹资项目达到预期额度，再决定转移多少资金给被投资的筹资人，如果企业的筹资没有达到预期目标，则将资金退还给投资人。同时，在项目启动后保持监督。当到达期限后，融资企业会直接给投资的大众以相应的回报，并且把情况反馈给众筹平台。众筹商业模式的基本框架如下图 4.1 所示。

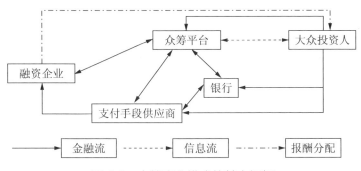

图 4.1　众筹商业模式的基本框架

众筹依据其商业模式的复杂程度，以及涉及的利益相关者的数量和法律环境，可划分为三种模式，模式一是捐赠与赞助模式，模式二是回报众筹（预售模式），模式三是股权众筹，如图 4.2 所示。借贷与股权投资模式由于涉及金融交易等问题，从实际操作上和法律上都是最为复杂的。

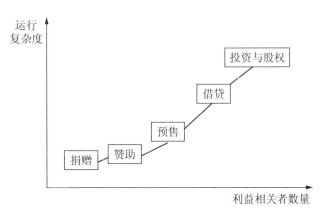

图 4.2　众筹商业模式的多种类型

模式一：捐赠与赞助。捐赠与赞助模式是无偿的投资模式，大众可以通过网站直接选择捐赠或者赞助小额的现金。一些公益机构的网站允许直接在网络上捐款，通过网络来扩大捐款的来源。公益机构的管理者或组织公益活动的个人也利用自身在网络社区和社交网站中的影响力，发起资金赞助。但这种众筹模式往往涉及金额不大，也存在不法之徒利用人们的善良搞诈捐骗钱，不是众筹的主流。

模式二：预售（回报众筹）。预售模式是得到普遍应用的模式，回报并不是现金或者股权，而是产品或服务，这方面在农产品上运用比较多，而且比较有意义，是普惠金融的一种具体实现形式。在产品或服务创造出来前，就已经发布在网站上吸引投资者，投资者选择投资后，会在规定期限内收到该产品或服务。

人们最熟悉的众筹平台莫过于美国的 KickStarter，该平台成立于 2009 年，最著名的项目是 2012 年的智能手表 Pebble，Pebble 项目于 2012 年 4 月 17 日在 Kickstarter 上发起时限为 30 天的筹款行动，当时创业团队的目标是希望筹集 10 万美元，结果在 2012 年 5 月 19 日项目结束的时候，一共有 68 929 个支持者，总筹资额度超过 1 000 万美元。

现在，从农产品、旅游到饮食甚至是音乐会门票……老百姓日常生活中的衣食住行，都开始有了回报众筹这一模式身影，而这一模式也受到消费者青睐。运用回报众筹这一新模式精准锁定潜在用户，通过各项股东权益，粘合消费者，并以转介绍方式形成品牌传播效应。

比较典型的回报众筹平台有农产品众筹平台"大家种"、艺术品众筹平台艺筹网、旅游众筹平台"筹盘缠"等。农产品众筹平台大家种专注于农产品领域，其发布的项目包括绿色蔬菜、生态猪肉、有机杂粮、农场瓜果等产品，甚至还包括"农场主"、"菜园主"等权益的众筹。农产品众筹的出现来源于人们对食品安全的需求，对生活品质的需求，以及对健康养生的需求。然而，传统意义上的"高级农产品"价格普遍偏高，普通人难以企及。通过众筹的方式可以改变这一状况，使得一般老百姓能够以较少的成本满足较高层次的需求，这是农产品众筹得以出现和发展的内在原因。艺术品众筹平台艺筹网则专注于艺术品领域，其发布的项目包括书法作品、雕刻作品、国画作品、陶瓷作品等。同高级农产品类似，艺术品也产生于人们对高品质生活的需求。艺术品在普通人眼中，本是高高在上的精神文化产品，众筹的方式可以让这些飞在空中的艺术品落地，也能满足普通人对艺术的追求、对生活品质的要求。同时，艺术品众筹也为艺术家打开了其产出商业化的通路，为其扩大影响力和知名度，通过商业化变现后进行艺术再创造提供了有效的资源。旅游众筹平台筹盘缠则是为发起人筹集差旅费，帮助旅者完成旅程并获得旅者的一些关于其旅途的回报。但仔细研究该平台发布的项目可以发现，这些项目大多与实体产品相关（如电影作品、咖啡馆等），真正与旅途、盘缠相关的项目并不常见。实际上，筹集旅行资金是很有想象力的一种众筹方式，国外网站 Trevolta 就在这个领域开了先河。旅者在拿到资金后，开始自己的旅途并与众筹支持者分享旅途中的故事、见闻和感受。作为回报，旅者可以满足众筹支持者的要求，拍摄旅途电影、照片、短片等发送给支持者。相信在未来，回报众筹的标的范围将会不断扩展。

平台一般会按照一定的最终筹资额比例收取手续费，不成功的项目不收手续费。

模式三：股权众筹。借贷众筹实际上是 P2P，单独列章节讨论。该模式与预售模式有相似之处，根本上的不同是回报方式。由于回报不是商品而是公司股权，该模式更加适合初创企业和中小企业的融资。但由于众筹平台具有低门槛和广泛的传播性，投资人往往会超过 200 人，这就与《公司法》非公众上市公司股东人数不能超过 200 人的规定相矛盾，可能涉及非法集资。

股权众筹与商品众筹的操作方式类似，但是它要求项目发起人必须为已经合法注册的公司，发起人把公司资料、商业计划书、融资额和融资比例提交给平台后，平台对资料的真实性进行审核，审核通过后在网站展示；投资人浏览项目，选择投资目标，按照项目设定进行投资。成功投资后依据一定的法律手续获得公司的股权证明，成为公司的股东。由于在此过程中需要负担一定的尽职调查、资料审核乃至法律手续办理等职责，无论股权众筹项目是否成功，很多平台都会收取一定的固定费用，若项目成功，平台还会根据融资额的比例收取手续费。

对于投资者来说，投资于股权众筹项目的风险远远大于商品众筹，后者的回报是一件固定商品，获得商品即意味着投资过程结束。股权众筹获得股权，其真正回报在于股权带来的分红和转让溢价，这与企业的长期经营息息相关，充满不确定性。因此股权众筹对投资人的要求较高，许多平台都推出了类似"领投人"的制度，借助专业投资人、机构投资者对普通用户进行引导，或者干脆设立较高的投资门槛，只允许"合格投资人"参与股权众筹。

我国的股权众筹平台天使汇、大家投都采用了领投人制度。例如天使汇规定领投人"在某个领域有丰富的经验，独立的判断力，丰富的行业资源和影响力，很强的风险承受能力"，"一年领投项目不超过 5 个，有充分的时间可以帮助项目成长"，"能够专业地协助项目完善商业计划书、确定估值、投资条款和融资额，协助项目路演，完成本轮跟投融资"等。而领投人协助项目完成跟投融资，也可获得多种多样的奖励，例如额外的股权、进入企业董事会、额外的分红等。

# 二、众筹的发展现状及制约因素

众筹本身不仅仅是一个新的商业模式，其发展趋势和意义可以改变现有社会运行的社会关系、商业模式、经济结构、产业链模式、消费模式等，是一场真正的颠覆。这种颠覆主要依赖于把消费者与生产端口连接起来，在这个商品还没有生产时，消费者本身就已经参与其中。

清科研究中心最新发布的《2016 股权众筹报告》显示，2015 年是国内股权众筹行业"井喷"年份，过半众筹项目成功完成，吃喝玩乐等消费类项目更能吸引投资者，股权众筹累计成功众筹金额近百亿元。其中 2015 年成功众筹金额 43.74 亿元，占全部众筹金额的近一半。

业内人士认为，对于消费者来说，消费众筹降低参与众筹的风险，让消费者得到实物回馈的同时，也激发消费热情，提高参与认同感，并获取比出资金额更为超值回报。对于企业来说，采用消费既投资模式在获取人脉资源的同时，也可以获得一定资金预支款。同时，多样化的回报方式，既可以降低企业的股权外流，又可以保障企业利润点，拓展消费渠道。

根据美国 Massolution 事务所的研究报告显示，2014 年，全球个人和机构通过"众筹"平台给予或者借贷的总金额达到 162 亿美元，2013 年这一数字是 61 亿美元，增长了 66%，2015 年这一数额增至 344 亿美元。现在中国众筹占了亚洲众筹的份额超过 99%。

目前国内约有 365 家众筹平台，已经停运、倒闭、转型的超过 23%。以京东、淘宝等互联网巨头为首的众筹平台却异常坚挺，两者占据了 70%—80% 的市场份额。截至 2015 年底，我国回报众筹累计筹款金额达到 30.7 亿元，其中京东众筹、淘宝众筹形成双寡头局面，其市场份额分别为 42.46% 和 34.88%，筹款额分别为 11.4 亿元、9.8 亿元。

京东众筹的优势在于智能硬件众筹产品的成熟以及股权众筹为创业者提供创业全阶段培训与资源对接的平台；淘宝众筹的优势在于其强大的资源优势和完整的生态链，可以完全覆盖众筹产品的各个环节。

根据世界银行预测，到 2025 年，全球众筹市场规模将达到 3 000 亿美元，发展中国家市场规模也将达到 960 亿美元，其中有 500 亿美元在中国，其中，70%—80% 的融资额将是股权众筹融资，在未来，中国或将是全球最大的众筹市场。

由于种种制约因素，众筹虽然发展迅速，但速度远远比不上第三方支付、大数据金融、P2P 等其他互联网金融模式，而且成功率偏低：

制约因素一：现行的政策法律环境的制约。

根据中国法律，众筹不支持以股权、债券、分红、利息形式作为回报项目，否则有非法集资之嫌，美微传媒在淘宝出售原始股的大胆尝试被监管部门叫停就是一个例子。

法律规定，股权众筹平台不能在平台上公开宣传众筹项目，否则，有可能违反未经审批向公众公开发行股份的法律红线，如果达到一定的程度，则可能构成犯罪。此外，也不能踩超过 200 个特定的人发行股份的法律红线。在此情况下，股权众筹只能通过线下进行，不能发挥众筹的效用。

而在众筹起源地美国，2012 年 4 月 5 日，美国总统奥巴马签署了 JOBS 法案（全称为《2012 年促进创业企业融资法》），进一步放松对私募资本市场的管制，法案允许小企业在众筹融资平台上进行股权融资，对每一个项目，其融资规模在 12 个月内不能超过 100 万美元；同时也限制了每一个特定投资人的融资规模，不可超过其年收入的 5%。 JOBS 法案的出台使美国众筹有了生存的法律依据，特别对股权类众筹发展有极大的促进作用。

制约因素二：社会整体缺乏诚信，没有形成覆盖全社会的征信系统。

由于中国还远没有像美国等发达国家一样，建立覆盖全社会的企业和个人征信系统，大多数众筹平台所能做的，是自建征信数据库排查借款人的恶意违约风险，除了央行的征信体系，个人信息的查询、身份识别、相关的其他司法状态信息等存在难以打通的障碍，众筹平台很多时候只能依靠有限的人力用有限的手段采用传统的方法去调查项目发起人的资信能力，这种风险防控模式方式成本高、效果差。

众筹往往是要通过陌生平台或者弱关系，筹资人的信任机制、分配机制、退出机制是否健全到足以让人相信，而且持久相信，这是一个很关键的问题。因为项目发起人有可能利用虚假信息进行圈钱，领投人也很可能是同谋。

制约因素三：众筹项目内在运作机制的制约。

众筹项目往往把出资人和运作人合为一体，既是出资人又是运作人，股权比较平均，而平均股权意味着平均责任，变成两种情况：人人都想负责，思想无法统一，不好管理；没人负责，不了了之，项目流产。在股权相对平均的情况下，最好聘请职业经理人团队管理，或者聘请有能力的股东管理，但要支付公允的报酬。

咖啡馆是最多的众筹项目，作为创业者的交流平台，有的比较成功，如1898咖啡馆，是北京大学校友众筹设立的，众筹前就确立了三条基本规则：等额返卡、股份均等、三年不倒闭，采用根据出资额返还等额消费卡的模式，投资3万元就返还3万元的消费卡，让投资人经济上也不吃亏。但大多数众筹的咖啡馆，从经济上来说，都失败了，开了没多久就关门。同时，国内知识产权保护的匮乏，众筹平台无法保证创意不被他人剽窃，知识产权的权利人只能自我保护，部分披露产品或创意细节，同时与网站签订一些保密协议，防止项目鸡飞蛋打。但这样做却使得投资人看不到完整的项目和产品创意信息，无法作出投资决策，所以大量的股权类众筹及高科技产品的回报类众筹不具有吸引力。

当然，也有些成功的众筹案例，如《大圣归来》影视项目众筹。2014年12月17日，筹备了近8年的《大圣归来》已经进入最后的宣传发行阶段。出品人路伟在微信朋友圈里发了一条消息，为这部影片募集宣发经费。一个星期之后，109名小朋友的89位父母成为众筹投资人，共筹集了780万元，直接参与到这部投资约6000万元的电影项目中。

众筹条件分为：基础回报——出品人保底分红；收益分红——投资人不仅可以获得票房分账收益10%，还将分享《大圣归来》未来的所有收益，包括游戏授权、新媒体视频授权、海外收入分账等。结果：2015年7月10日《大圣归来》上映，获得超过8亿元的票房收入。89名众筹出品人获得本息收入3000万元，回报率高达400%。

制约因素四：法律体系不完善。

相较于上市公司股票可以在交易所自由流通，以及成熟的VC、PE投资项目可以采用通用的行业惯例，众筹的法律体系并不完善，采用何种退出方式、何时退出都存在诸多问题，这就制约了众筹的发展。

## 三、一类特殊领域的众筹——房地产众筹

房地产是一个特殊的行业，这些年来，城市住宅价格不断攀升，尤其是我国中心城市房产价格暴涨，是否有可能通过房产众筹，减低购房

成本，解决住房问题呢？

房地产投资需要占用长期且大额的资金，对于现金流有限的普通大众投资者来说，房地产的投资门槛过高。但众筹却可以使许多中小投资者用少量的资金参与房地产投资，并且享有房地产投资的比较丰厚的回报。

对开发商而言，房产众筹降低了购房门槛，提升了项目知名度，也符合地产与金融跨界合作的趋势。而对于金融机构而言，房产交易的单项额度和总额度都比较大，能够在较短时间内增加机构的资金管理额度。这是吸引开发商与金融机构加入众筹试水大军的最直接原因。

2012 年 12 月美国的 Fundrise 网站首先将"众筹"这一概念引入房地产行业，"房地产众筹"自此诞生。

虽然房地产众筹开始时间不长，但在美国已经形成成熟的房地产众筹模式。房地产众筹也分为股权众筹和债券众筹，债权众筹归类到 P2P，我们来分析一下房产的股权众筹。

国外典型的房地产股权众筹模式如图 4.3 所示，筹资者在众筹平台发布筹资项目，投资者选择项目进行投资，筹资项目必须在发起人预设的时间内达到目标金额才算成功，否则众筹平台会将资金退回给投资者。筹资成功，平台代投资者成立有限合伙公司，有的众筹平台会作为领投人参与到众筹项目，所以在有限合伙公司中，作为领投人的众筹平台是充当 GP（普通合伙人）的角色。有限合伙公司作为出资方参与项目，但不参与项目的管理与运营；开发商负责项目的开发和管理，有限合伙公司与开发商共同持有房产的所有权或者项目的股权。项目最终获得的收益包括租金和出售所得，开发商和有限合伙公司按股权比例共享收益，有限合伙公司再按投资者的股权比例分配收益。

在该模式中，投资者的收益主要取决于房产能否顺利出售，一旦房产无法出售或因房产市场的不景气影响出售价格，投资者的资金（包括本金和收益）会面临损失，甚至无法收回。在股权众筹模式中，投资者的资金通过有限合伙公司直接与开发项目对接，投资者作为 LP（有限合伙人）需要承担项目开发失败和房地产市场波动的风险。

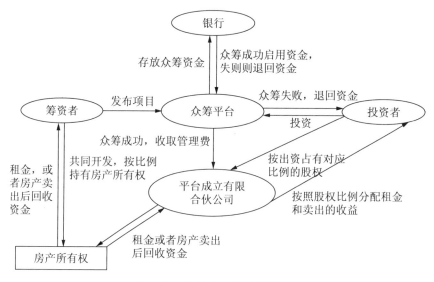

图 4.3　房地产股权众筹模式

2014 年，中国也有了房地产众筹。

由于房地产众筹在我国发展时间较短，相比于国外成熟的模式，我国各大众筹平台的房地产众筹仍处于摸索阶段。如万科举行的众筹拍卖只是拿出一套市场价 90 万元的房子，只需众筹到 54 万元即可；远洋地产举行的众筹抽奖让利幅度更大，被抽中的投资者只需支付原价的 11%便可获得标的房产。这两种众筹模式中，房地产商主要是基于营销目的，利用众筹的广告效应吸引大众对开发项目关注。众筹拍卖和众筹抽奖在本质上并不能算是众筹产品，只是因为开发商让利幅度较大甚至亏本所发起众筹，并不具有规模性和可推广性。

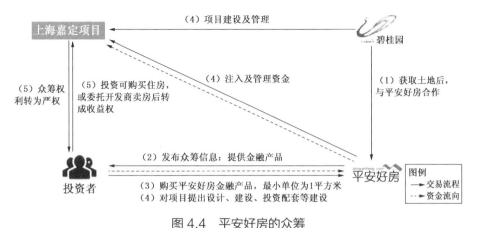

图 4.4　平安好房的众筹

2015 年 4 月 29 日，碧桂园携手平安好房推出开发类众筹项目。项目以"一平方米"作为众筹单位，由平安好房将众筹项目包装为保险、债券、好房宝等金融产品，向特定对象（平安好房注册用户）发布认筹，进行项目融资。

融资完成后项目开工，在开发建设过程中，投资者可以微开发商的身份，参与项目的设计、社区配套等过程，一定程度上实现产品"定制化"；项目完成后，投资者即拥有了某一套楼房整体或者部分的权益；此后，投资者可以选择众筹权利转为产权，直接拥有该套住房，或者是委托开发商卖房后转成收益权。这一模式带有明确的营销导向，要求投资者需是未来的购房者。

在平安好房模式中，投资者的收益主要体现在前期众筹的标的价格将远低于楼盘的销售价格，价差将成为其主要获利渠道；开发商虽然在销售价格上有所让利，但通过众筹降低融资、销售等环节的成本，从而获得收益，并实现了对购房客户的提前锁定；而平安好房在整个众筹过程中只做平台建设，并不参与具体投资，收益来源于向开发商收取的平台管理费用。

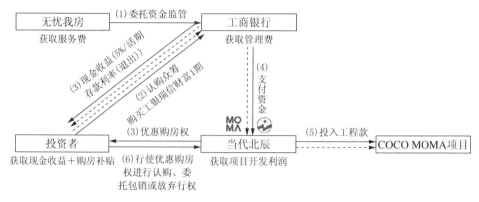

图 4.5　无忧我房的模式

中国的房地产投资基金尚有待发展，相关法律是缺失的。在这种情况下，所有房产众筹的探索都是实验，实验就意味着存在巨大风险。虽然可能获得 30%、40% 的回报，即使众筹资金到位，能否开发下去并不能保证。这是一个完全崭新的行业，有一百多个流程，每一个环节、每一道流程都非常专业，并非众筹投钱那么简单。

2015 年 5 月，平安好房联合万科、协信、碧桂园等多家大型房企和互联网巨头发起成立"中国房地产众筹联盟"。主要做融资型开发类众筹，在拿地后即展开，且可融得资金规模较大，能在较大程度上解决开发商最为关注的"客户＋资金"两大问题，或将成为未来房地产众筹发展的重点方向之一。

鉴于房地产行业的特殊性，一些地方政府已经暂停了房地产众筹业务的开展，如深圳市互联网金融协会在 2016 年 4 月 12 日又下发《深圳市互联网金融协会关于停止开展房地产众筹业务的通知》，要求会员企业停止开展房地产众筹业务，7 天内完成自查整改，相信经过整改后的房地产众筹业务的发展会更加健康。

# 四、股权众筹的发展前景

股权众筹的市场近几年呈比较高速发展的态势。股权众筹是投资优质项目或公司的股权，获得未来收益，是私募股权的互联网化。股权众筹逐渐随着政策风险的降低而升温，随着市场信用水平和监管制度的完善，股权众筹的市场份额将会进一步扩大，将成为未来众筹的主流模式。

消费众筹，就是要立足生活消费生产服务领域，围绕消费者这个核心要素，以线上平台为导入口，以线下体验为价值连接点，帮助企业从大量碎片化的日常生活消费活动中寻获商机，消费众筹在国内有着广阔的市场前景。

要实现中国众筹（主要是股权众筹）的持续发展，需要从以下几方面推进：

第一，制定和完善众筹的法律法规。

众筹网站经过几年的实践，已经设计出许多有效的规章制度来保证网站上筹资活动正常运行，为了适应我国股权众筹的现状，促进股权众筹市场的发展，使股权众筹市场真正成为我国多层次资本市场的有益补充，通过修改现行相关法律，以扩大股权众筹的适用范围，给股权众筹提供一个更加宽松和充满活力的创新法律环境。因此，公募版股权众筹在加大对投资者利益保护的同时也会放宽投资金额下限、投资人数上限的管制，真正发挥股权众筹小微金融的作用。

第二，改良和完善众筹的商业模式。

众筹机构在学习美国等发达国家的众筹商业模式的同时，需要进一步改良和完善商业模式，不能全盘接纳。中小企业或者创意项目完成众筹后都会产生大量的微股东或者投资人。这些微股东和投资人对企业经营和项目运作会带来巨大的考验。大量微股东可能会干扰企业经营决策，而项目发起者为了与投资人沟通和解答投资人疑问需要耗费大量精力，影响项目进度。

第三，转换传统的融资思路。

扩大企业在社交媒体上的影响力，提升企业形象，扩大企业的融资圈。企业欲从网络上的陌生人手中获得资金，需要建立社交媒体上的声望和扩大企业的融资圈，并建立线下的众筹项目推广渠道及采取相应的营销策略。目前的股权众筹大多是线上筹资，但仅有在线的股权众筹是不够的，为了保证投资质量，提高投融资交易的匹配效率，股权众筹平台可以采用 O2O 模式，也就是将线下挖掘的好项目放在线上发布并推介给投资人，将线上发布的项目进行线下路演和推介，以促成交易。这种模式必然成为股权众筹发展的趋势和方向。

第四，股权众筹要生态化和垂直化，股权众筹在未来的十年有高速发展过程，最主要的就是平台公司专业化和垂直化。只有产生专业生态圈，它的生态元素才能构建出一个很好的互动性，这平台价值才会显现。

股权众筹要得到发展，不能仅以一个平台而孤立的存在，必须与其他资本市场建立有机的联系，这就是股权众筹的生态化。股权众筹只有生态化才能发挥其效用。股权众筹平台要与孵化器、创业训练、天使投资基金、创业者、创业服务者等建立连接，为靠谱的创业者提供系列服务，从而培育出大量的优质靠谱好项目，有了靠谱的好项目，就可以发挥平台的作用。

股权众筹平台应多向垂直领域发展。"专注于垂直细分领域，有助于找准定位，突出专业性优势，精准地吸引到特定投资人群反复投资，增加黏性，也可聚集该领域更多更好的优质项目。"

股权众筹在未来的十年有高速发展过程，最主要的就是平台公司专业化和垂直化。只有产生专业生态圈，它的生态元素才能构建出一个很好的互动性，这平台价值才会显现。

总之，众筹使创业者可以更为开放灵活的融资模式获得启动资金、可以降低创业门槛、提前锁定消费者，提高创业成功率，是创业者的福音。

第五章

# P2P——被妖魔化的投资工具

涉及 500 多亿元资金，90 余万名投资人的 e 租宝倒下的余音未落，上海金鹿财行、中晋等 P2P 公司又起波澜，倒下的 P2P 公司已经无数，为什么 P2P 行业的开山鼻祖尤努斯广受世人尊敬，并且还因此获得诺贝尔和平奖，而现在 P2P 却成为骗子公司的代名词呢？现在大家已经谈 P2P 色变，很多地方政府已经禁止批准设立 P2P 公司；但另一方面，个人投资渠道狭窄，以余额宝为代表的众多宝宝们收益率每况愈下，已经低于年化 3% 的收益率。P2P 提供了一个相对高收益率的投资渠道，发达国家的 P2P 公司运行都很健康。我们来看看已经被妖魔化的 P2P 的前世今生吧。

# 一、P2P 借贷的特点及主要运营模式

P2P（peer-to-peer）是一种将非常小额度的资金聚集起来借贷给有资金需求人群的一种商业模型。它是个人与个人间的小额借贷交易，一般需要借助电子商务专业网络平台帮助借贷双方确立借贷关系并完成相关交易手续。借款者可自行发布借款信息，包括金额、利息、还款方式和时间，自行决定借出金额实现自助式借款。

## （一）起源和发展

1976 年，孟加拉国穆罕默德·尤努斯教授在一次乡村调查中，把 27 美元借给了 42 位贫困的村民，以支付他们用以制作竹凳的微薄成本，免受高利贷的盘剥。由此开启他的小额贷款之路。

1979 年，他在国有商业银行体系内部创立了格莱珉分行，开始为贫困的孟加拉妇女提供小额贷款业务。创办以来，格莱珉的小额贷款已经帮助 630 万名借款人（间接影响到 3 150 万人），其中超过一半脱贫。而

且格莱珉银行除了创办当年及 1991 年至 1992 年两个水灾特别严重的年头外，一直保持赢利，2005 年的赢利达 1 521 万美元。同时，格莱珉银行不仅提供小额贷款，而且也鼓励小额存款，并通过格莱珉银行将这些存款发放给其他需要贷款的人。

这一模式就是最初的 P2P 金融雏形，穆罕默德·尤努斯教授也因此获得 2006 年度诺贝尔和平奖。

P2P 金融模式自诞生以来，从欧美迅速扩展，在世界范围得到广泛应用发展。这种模式有以下几个方面的积极意义：

第一，有闲散资金的投资人能够通过 P2P 金融信息服务平台找到并甄别资质好的有资金需求的企业主，获得比存款到银行更高的收益。

第二，对政府相关部门来说，这种模式都是网上公开进行的，所有平台交易数据随时透明可查，在利息税收和借贷利率方面更能轻松监控和监管。

第三，对社会来说，这种模式提高了资金利用率，遏制了高利贷的滋生和蔓延，有利于经济发展和社会稳定。

我国的 P2P 起步虽晚，但发展速度和规模均超过了发达国家，主要原因是由于人口数量、社会人文环境等方面截然不同，除此之外，中外 P2P 平台所面对的需求也很不一样。发达国家 P2P 平台上的借款人在所在国的其他金融机构同样能借到钱，选择某个 P2P 是为了省钱。而在中国的 P2P 平台，能不能借到钱才是借款人最关心的问题，所以国内多家 P2P 平台的品牌口号中都有"借得到"三个字。

P2P 在我国成为一个重要的融资渠道。2015 年全国 P2P 网贷成交总额突破万亿，达到 11 805 亿元，同比增长 258%；历史累计成交额16 312 亿元。

## （二）主要特点

### 1. 以互联网的应用为基础

P2P 参与者众多，借贷关系密集复杂，这种多对多的信息整合和审核，极大依赖互联网技术。通过互联网技术，一方面消除了时空限制，极大地增加参与借贷的用户数量，同时大大降低了信息不对称，从而降低了交易成本。

### 2. 以 P2P 平台的中介服务为纽带

服务平台在 P2P 交易中处于中心地位，在借贷过程中起着纽带的作用，主要以网站的形式存在。只从用户审核、借款资金需求审核和资金定价的角度间接控制全局性风险，不介入经营。既不事先归还资金，又不进行金额和期限的错配，这与银行借贷有本质的不同。

### 3. 以点对点（去中心化）的交易结构为形式

P2P 是点对点的直接传播，投资人与借款人直接签署借贷合同，风险只在特定的借贷双方之间传播，不需要遵循银行资本充足率的要求，原则上不用计提风险准备金，这一特定导致总体资金成本的节约和资金利用效率的提高。

## （三）国际上 P2P 主要运营模式

运营模式 1：运用信用评分的方式来选择他们的借款人。将借款人按信用等级分为 A+、A、B 三个等级，然后出借人可以根据借款人的信用等级、借款金额和借款时限提供贷款。期特点在于投资者的回报率与借款者的借款利率都由平台决定，分散贷款、划分信用等级、借款人必须签署法律合同、强制按月还款等措施降低出借人的风险。

2005 年 3 月，全世界第一家 P2P 平台、英国的 Zopa 成立，Zopa 是

"可达成协议的空间"（Zone of Possible Agreement）的缩写，Zopa 的收入来源于收取借款人每笔 0.5% 以及出借人年借款额 0.5% 的服务费。

运营模式 2：通过拍卖的形式进行匹配。

2006 年 2 月，Prosper 公司在美国成立，属于营利性网络借贷平台，但它只提供交易，属于典型的单纯中介型 P2P。Prosper 的快速发展最终引起了监管部门的注意，美国证监会认为网站实际是在经营投资和金融产品，这种 P2P 借贷模式不合法，2008 年初勒令网站关闭，但是，2009 年美国加州政府允许 Prosper 重新开业并从事 P2P 信贷业务，并接受美国交易委员会的监管。Prosper 借款人可以创建借款条目，并设定一个愿意支付给出借人的最高利息率。出借人开始通过降低利息率进行竞拍，拍卖结束后，Prosper 将最低利率的出借人组合成一个简单的贷款交给借款人。Prosper 从借款人处提取每笔借贷款的 1% ~ 3% 费用，从出借人处按年总出借款的 1% 收取服务费。

运营模式 3：在社交网站内对借款人进行信用等级分类，只允许高于某一等级的借款人进行借款，不同的登记对应不同的固定利率，通过熟人之间的关系网撮合出借人和借款人。

2006 年 10 月美国的 Lending Club 成立，2007 年 5 月开始以脸书（Face book）平台上一个应用的形式运营。2007 年 8 月，Lending Club 网站正式上线，全面开始 P2P 借贷服务。2008 年 3 月，证券交易委员会（SEC）认定票据为证券性质，需要准备申请注册。Lending Club 于当年 4 月 7 日主动关闭投资部门业务，进入长达 6 个月的证券交易委员会注册静默期。Lending Club 不采取竞标方式，而是根据借款人的信用等级有不同的固定利率。其基础是脸书等社交平台的高传播特性及朋友之间的互相信任，将出借人和借款人聚合。要求借款人在进行贷款交易前必须要经过严格的信用认证和 A—G 分级。为了鼓励负责任的借款行为，

Lending Club 只供信用分数（FICO 分数）在 640 分以上的借款人申请贷款，出借人可以浏览借款人的资料，并根据自己能够承受的风险等级或是否是自己的朋友来进行借款交易。Lending Club 分别向借款人收取一次性的贷款金额 0.75%—2% 的服务费和向贷款人收取分期还款数额 1% 的服务费。

2014 年 12 月 12 日，Lending Club 成功完成 50 亿美元的放贷量，在纽交所挂牌交易，IPO 价格为每股 15 美元，上市首日大涨 56%，收于 23.43 美元，达到了巅峰市值 85 亿美元。

由于发现一笔 300 万美元的贷款申请日期存在更改迹象，Lending Club 联合第三方调查机构进行了公司内部审查，审查发现，在 2015 年 3 月和 4 月出售的两笔总额为 2 200 万美元的 Near-prime 贷款不符合买家的要求，违反了公司的相关规定。Lending Club 立刻进行了补救，它们以面值对这两笔贷款进行了回购，因此投资者没有受到任何损失。

与 190 亿美元的放贷规模相比，2 200 万对 Lending Club 的影响是微乎其微的。但就是这一微小的失误，导致其股价暴跌，创始人兼 CEO 等多名高管离职。

国外 P2P 的风控真值得国内同行学习。

运营模式 4：通过拍卖模式确定借贷利率，14 天就能为企业完成一笔贷款，满足中小企业的快速融资需求。

Funding Circle 成立于 2010 年 8 月，是全球首家提供个人向企业贷款的 P2P 平台，占据了英国 P2B 行业 80% 的份额，牢牢占据行业龙头的位置。前 7 天投资者竞拍。投资者根据待融资企业的具体情况决定要投资多少，提供的贷款利率为多少，并上传资金与利率，这是投资者的"投标"。在企业没成功融到所需资本之前，投资是一种"有多少要多少"的状态；但如果很多人都看好这个企业，不到 7 天企业就已 100%

融到所需资本，而且还有源源不断的新资金注入，那么提供贷款利率最高的人将会竞拍失败，低利率"挤掉"高利率，正所谓"价低者得"。后7天企业决定是否接受贷款。对于企业来说，7天竞拍结束后有两种结果：筹集到足够资金，或没有。没有筹集到足够资金的公司自然就是借款失败；然而筹到足够资金的公司也不代表借款成功，因为有可能投资者们提供的平均贷款利率实在是太高，超出公司承担范围，对此，Funding Circle 给企业7天（实际为5天，算上周末2天即7天）的时间来考虑是否接受贷款：如果不接受的话，那么依然算是借款失败；如果接受的话，则企业借款成功，贷款利率就是所有竞拍成功者提供的贷款利率的平均数；投资者投资成功，收益率就是成功投标的利率，投资自竞拍结束那天起息。对个人用户，Funding Circle 收取1%的服务费用，企业用户收取2%—4%的服务费用。

## 二、P2P 在国内的发展历程

### （一）第一阶段 2007 年至 2012 年（以信用借款为主的初始发展期）

2007 年国内首家 P2P 网络借贷平台在上海成立，让很多敢于尝试互联网投资的投资者认识了 P2P 网络借贷模式，其后一部分具有创业冒险精神的投资人随之尝试开办了 P2P 网络借贷平台。

网络借贷平台初始发展期，绝大部分创业人员是互联网创业人员，没有民间借贷经验和相关金融操控经验，因此他们借鉴拍拍贷模式以信用借款为主，只要借款人在平台上提供个人资料，平台进行审核后就给予一定授信额度，借款人基于授信额度在平台发布借款标。但由于我国的公民信用体系并不健全，平台与平台之间缺乏联系和沟通，随之出现了一名借款人在多家网络借款平台同时进行信用借贷的问题，最为著名的是天津一个网名叫坦克的借款人，在多家平台借款总额高达500多万元，这笔借款最终因逾期成为各个平台的坏账。

基于以上问题的重复叠加出现，各个网络借贷平台于2011年底开始收缩借款人授信额度，很多平台借款人因此不能及时还款，造成了借款人集中违约。以信用借款为主的网络借贷平台于2011年11月—2012年2月遭遇了第一波违约风险，此时网络借贷平台最高逾期额达到2 500万元，诸多网络借贷平台逾期额超过1 000多万元，截至目前这些老平台仍有超过千万的坏账无法收回。

## （二）第二阶段2012年至2013年（以地域借款为主的快速扩张期）

这一阶段，网络借贷平台开始发生变化，一些具有民间线下放贷经验同时又关注网络的创业者开始尝试开设P2P网络借贷平台。同时，一些软件开发公司开始开发相对成熟的网络平台模板，每套模板售价在3万元到8万元左右，弥补了这些具有民间线下放贷经验的创业者开办网络借贷平台技术上的欠缺。基于以上条件，此时开办一个平台成本大约在20万元左右，国内网络借贷平台从20家左右迅速增加到240家左右，截至2012年底月成交金额达到30亿元，有效投资人在2.5万人到4万人之间。

由于这一阶段开办平台的创业者具备民间借贷经验，了解民间借贷风险。因此，他们吸取了前期平台的教训，采取线上融资线下放贷的模式，以寻找本地借款人为主，对借款人实地进行有关资金用途、还款来源以及抵押物等方面的考察，有效降低了借款风险，这个阶段的P2P网络借贷平台业务基本真实。但由于个别平台老板不能控制欲望，在经营上管理粗放、欠缺风控，导致平台出现挤兑倒闭情况，2013年投资人不能提现的平台大约有4、5个左右。

## （三）第三阶段 2013 年至 2014 年（以自融高息为主的风险爆发期）

这一阶段，网络借贷系统模板的开发更加成熟，甚至在淘宝店花几百元就可以买到前期的网络借贷平台模板。由于 2013 年国内各大银行开始收缩贷款，很多不能从银行贷款的企业或者在民间有高额高利贷借款的投机者从 P2P 网络借贷平台上看到了商机，他们花费 10 万元左右购买网络借贷系统模板，然后租个办公室简单进行装修就开始上线圈钱。这一阶段国内网络借贷平台从 240 家左右猛增至 600 家左右，2013 年底月成交金额在 110 亿元左右，有效投资人 9 万到 13 万人之间。

这一阶段上线平台的共同特点是以月息 4% 左右的高利吸引追求高息的投资人，这些平台通过网络融资后偿还银行贷款、民间高利贷或者投资自营项目。由于自融高息加剧了平台本身的风险，2013 年 10 月这些网络借贷平台集中爆发了提现危机。其具体原因分析如下：10 月国庆 7 天小长假过后，很多平台的资金提现积累到了几百万元以上，由于这些平台本身没有准备或者无法筹集现金应对提现，造成追求高息的投资人集体心理恐慌，集中进行提现，使这些自融的平台立刻出现挤兑危机，从 2013 年 10 月至 2013 年末，大约有 75 家平台出现倒闭、跑路，或者不能提现的情况，涉及总资金在 20 亿元左右。

## （四）第四阶段 2014 年至 2015 年（P2P 平台井喷和风险集中爆发时期）

这一阶段，国家表明了鼓励互联网金融创新的态度，并在政策上对 P2P 网络借贷平台给予大力支持，使很多始终关注网络借贷平台而又害怕政策风险的企业家和金融巨头开始尝试进入互联网金融领域，组建自己的 P2P 网络借贷平台。大量类 P2P 公司成立，大量 P2P 平台集中上线，但是与此同时，整个行业也是泥沙俱下，良莠不齐，"P2P 诈骗平台"也成倍上升。

2015 年被业界看成是 P2P 监管元年。随着国家关于互联网金融发展指导意见的出台，P2P 行业的专业化和规范化发展迎来新的契机。

## （五）第五阶段 2015 年至今（行业大洗牌和强者恒强时期）

随着 P2P、众筹等互联网金融模式越来越被广大投资者所熟悉，投资者对于该行业的知识以及风险意识都会显著提升，投资者会从一开始重点关注收益逐渐转变成更加重视风险；其次，投资者对于借款方或者标的的信息披露的要求会越来越高。投资者的风险偏好的转变，会使得资金流朝更加优质 / 更加大型的平台进行转移，许多中小平台会逐渐被投资者所规避。

P2P 行业的专业化分工趋势正在逐渐增强，行业形式逐步细分，之前平台同质化严重问题正在逐渐得到突破。因为许多领域并不能通过大资本来达到效果，例如汽车抵押行业有较强的非资本因素，对行业模式的熟悉度、组织管理能力、评估能力等都有非常高的要求，微贷网的发展便是个值得重视的例子。未来 P2P 行业应做精做透，充分结合自身在行业知识、销售、管理、成本等方面的优势深度介入具体细分领域，进行差异化发展。

随着全行业的不断发展与成熟，资源将逐渐向一些大型优质的平台转移，一些规模小资质差的平台将会逐步被淘汰。全行业的整合将会成为主题，平台总数将逐步减少，行业集中度不断提高。宜信、陆金所等大型平台的竞争优势进一步凸显。

由于资本的趋利性，P2P 公司在中国迅猛发展，从 P2P 平台家数可见一斑：2012 年 110 家，2013 年 523 家，2014 年 1 575 家，2015 年 3 859 家。

# 三、国内 P2P 的典型模式

中国 P2P 发展时间较短，前期以复制国外模式为主，但现在已经逐步形成自己的特点。

## （一）单纯中介型 P2P：拍拍贷

拍拍贷成立于 2007 年 8 月，注册资本 10 万元，总部设在上海。拍拍贷的运行主要借鉴 Prosper 模式，属于单纯中介型 P2P，拍拍贷网站的功能包括借款信息的发布、竞标管理、成功借款管理、电子借条等。拍拍贷通过连接小微企业主及网店卖家的融资需求，与城市白领阶层的投资需求。

运营模式分析：拍拍贷的业务流程与 Prosper 类似，拍拍贷的借贷主要采用竞标方式，利率由借款人和出借人（竞标人）的供需决定，提供无抵押无担保的在线贷款。拍拍贷既不吸储也不放贷，仅提供网络平台服务，借贷双方在线自由交易：借款人在线发布借贷要求后，有意向的出借人参与竞标，其中利率低者中标，当投标资金总额达到借款人的要求时，拍拍贷网站会自动生成电子借条，宣告借贷成功。在这个过程中，拍拍贷通过向借贷双方收取服务费获得收入。

该模式特点：

首先，提供无抵押、无担保贷款。拍拍贷提供的多为小额无抵押借贷，覆盖的借入者人群一般是中低收入阶层，为了降低出借人的风险，拍拍贷强制借款人按月还本付息以降低借款人的还款压力、保障出借人的利益。

其次，平台风险较小。一方面，拍拍贷对出借人不承担担保责任，不赔偿借款人逾期不还款等潜在风险造成的经济损失；另一方面，拍拍贷一般不参与借贷，更多的是提供信息匹配、工具支持和服务等。此外，由于借助了网络、社区化的力量拍拍贷强调每个人都应参与其间，从而可以有效地降低审查的成本和风险。

第三，平台收费低廉。由于没有抵押担保，拍拍贷的收费水平较低，且大多数业务是免费的。

## （二）复合中介型 P2P：宜信

宜信成立于 2005 年 5 月，总部设在北京，是从事"个人对个人"信用贷款和财富管理服务的网络服务平台，属于复合中介型 P2P，其运营方式主要借鉴 Zopa 模式。

吸收资金供给方的资金，并将其提供给资金需求方，与"拍拍贷"的自行配对不同，资金供需双方的配对和借贷操作主要由宜信进行，放贷人在其网站上不能看到借款人的具体信息属于债权转让。

运营模式分析：宜信平台通过"宜人贷"信贷理财模式为放款人提供服务，放款人在线填写工作单位、意向投入金额等信息后，宜信会为其提供已通过平台审核的借款人，而放款人可以选择是否同意出借资金给特定的被推荐借款人，借款人无须抵押和担保即可获得现金贷款，额度最高 30 万元，还款期限最长 48 个月，而且手续简便，借款人仅需提供身份证明、收入证明等资信材料，最快 2 个工作日之内即可完成审核。贷款成功后，还可以成为宜信的循环贷客户。宜信会根据借款人的信用状况收取一定的服务费用。

该模式特点：

首先，严格控制信贷风险。一方面，宜信建立了规范的信用管理制度：借款人要获得贷款需要经历面审、初审、终审等严格的审核流程；在还款过程中，宜信会跟进借款人、了解借款人的工作和生活变化并提醒按时还款；如果出现逾期不还，宜信的催收小组会对欠款进行催收并制定了保障金制度和每月还款制：在借款无法偿还的情况下，宜信可提取一定的保险金来赔偿出借人全部本金和利息；同时，宜信采取的分散贷款和每月强制还款制有效地降低了风险。

### （三）红岭创投的运作模式

红岭创投成立于 2009 年初。该网络借贷平台的最大特点是如果借款人到期还款出现困难，逾期后由红岭创投或担保人垫付还款。

借贷双方的交易规则。对借款人而言，必须经过实名认证后申请成为 VIP 会员，而且必须具备合法用途才能发布"借款标"，VIP 会员费按 180 元 / 年收取，借款成功以后扣除。根据收入状况和还款能力的不同，借款人可获得信用额度从 2 万元到 100 万元不等。此外，红岭创投还对借款人收取管理费用，即每个月按借款本金收取 0.5% 管理费，在借款金额中直接扣除。对放款人而言，放款人可自愿申请 VIP 会员资格，VIP 会员费按 180 元 / 年收取，成为 VIP 会员后，逾期"借款标"享受本金全额垫付，快借标由网站垫付本息，担保标由担保人垫付本息；非 VIP 会员投标后的逾期垫付为 VIP 会员标准的 50%。放款人成功投标后，所获利息的 10% 划归红岭创投网站。

三种不同的"借款标"及逾期垫付情况。一是信用借款标，即根据借款人的信用状况，红岭创投授予其一定信用额度，如借款人到期还款出现困难，逾期 30 天后由红岭创投垫付本金还款，债权转为红岭创投所有。二是担保借款标，即网站担保人和借款人协商并签订抵押担保协议。如借款人到期还款出现困难，由担保人垫付本息还款，债权转为担保人所有。三是快速借款标，即红岭创投网站经过严格核查借款人资产负债，根据借款人的信用状况，签订抵押担保手续。如借款人到期还款出现困难，借款到期日当天由红岭创投垫付本金和利息还款，债权转让为红岭创投所有。

平台运营模式的设计上的不同决定了目标客户和风控体系的差异，如 Prosper 采用的是竞拍模式且更关注借款人的社会属性；海外金融发展阶段和信用体系完善，纯平台模式相对有效，而国内的发展更适合准备金保障制度如第三方担保。

目前国内 P2P 网络贷款平台比较典型的做法是，将借贷双方的直接签约分割为两个方面：一方面，P2P 网络贷款平台以内部人员的名义贷款出去，借款人也是自然人，从法律层面来看是两个自然人的合约；另一方面，P2P 网络贷款平台再以理财产品的名义兜售债权。例如，人人贷目前推出的优选理财计划。

就不再由出借人选择网站借款列表的标的，而是由人人贷先归集资金之后，再来投资网站内认证的标的。除了所谓的理财产品外，各 P2P 网络贷款平台为招揽生意，还推出了所谓的"秒标"、"天标"、"净值标"等等，这些都是 P2P 网络贷款平台为了吸引更多资金投入的噱头，与 P2P 网络贷款平台最初设立的目的并不相符，甚至成为不法分子利用平台快速圈钱的陷阱。

# 四、P2P 行业规范和监管

监管趋严，行业门槛变高，投入加大，运营成本走高，并且伴随经济下行，导致行业不良率增高。这种较恶劣的行业环境导致一些实力较弱的平台加速离场，P2P 行业的烧钱时代已经逐渐过去，而盈利能力也遭遇考验。

过去，我国 P2P 企业往往是作为银行贷款的补充，暗地里干着银行的放贷收息事情。P2P 背离了信息中介的定性，承诺担保增信、错配资金池等，已由信息中介异化为类银行信用中介。随着市场准入门槛的进一步提高，大浪淘沙后的行业将逐步走向规范与良性。

2015 年末，银监会出台 P2P 行业监管办法的《意见》，其中规定"P2P 必须选择符合条件的银行业金融机构作为资金存管机构"。

贷前：这跟中国的信用环境有很大关系，海外的 P2P 整个信用审核等手段都是以线上系统化为主，但国内绝大多数企业则以线下审贷人员的经验为主。而且国内外 P2P 公司在用户信息数据获取方式上不同。在国内，大多数 P2P 平台申请借款人的数据是用户自己提交，所以在真实度上会大打折扣，存在很大的漏洞和风险；而国外的做法则多是通过大数据的采集和购买第三方数据等方式获取，相对保证了资料的客观性和真实性。

贷中：国外 P2P 重信用评级，国内 P2P 看金融流水。

国内 P2P 平台简单来说就是线上线下相结合、由小贷公司或担保公司加入平台为借款人提供担保或资金兜底保障，而且用户大部分信用审核的风控偏重银行卡交易等流水的审核，金融特性的分析特别重。

国外 P2P 公司则特别强调用户的信用记录，他们会运用信用评分给借款人分出几个等级，使出借人可以根据借款人的信用等级、借款金额、借款时限以及能接受的贷款利率提供贷款。这种区别直接带来国内外 P2P 平台在具体操作上的差异。

贷后：国外 P2P 信息透明点对点，国内实属"伪 P2P"不规范。

国外 P2P 运营的理念是，平台需要让出借人充分知道他把钱借给谁了，信息越清晰、越透明，违约率越低。国内 P2P 行业最大的风险在于这种信息极度不透明。

国外的 P2P 平台都不会对投资者的资金进行安全保证。但是大多平台会选择将投资者的投资资金分散，以此来降低投资者面临的风险。国外的平台更多的仅仅是一个信息中介的作用，并不提供真正的投资担保。因为国外的信用大数据信息公示做得比国内的要好，投资者可以查到借款人的各项信息，所以信息的公开性和可靠性要远远优于国内。

而国内在承诺安全保障这方面做的要好得多，国内的 P2P 平台大多和一些小贷公司、担保公司或者保理公司合作，表面上能够为投资者提供 100% 的本息保证。但很多 P2P 公司和小贷公司、担保公司等实际上是同一控制人或关联企业，相当于自己给自己担保，根本起不到安全保障。

国外的 P2P 平台一般利率在 5%—7% 左右，而国内的 P2P 平台给消费者的利率通常为 12% 以上，远远高于国外的平台。这也是由中国当前的融资困难造成的，国外由于信息披露制度完善，从银行贷款相对容易，而国内由于信息制度不完善，金融机制不健全，融资难度大，造成了融资成本相对更高。

综上所述，在积极意义方面：P2P 网络借贷弥补了传统金融的不足，体现了金融的民主化和普惠化。在 P2P 网络借贷中，很多借款人尽管具有偿债能力，但或者因为风险高于银行贷款利率能覆盖的水平，或者因为无法提供银行所需的抵押品，或者因为借款"短、小、频、急"使银行面临规模不经济问题，很难从银行获得贷款。另一方面，很多投资人希望通过 P2P 平台放贷，在承担一定风险的前提下，获得高于存款的收益，这是他们的权利。在某种程度上，P2P 网络借贷推动了社会进步，尤其体现在解决跨地区的贷款问题方面。

问题的发生，主要是在 P2P 借贷平台自建资金池方面，这在法律上可能导致非法集资、平台自融等问题。其实政府已经注意到这些问题，国务院法制办公布《网络借贷信息中介机构业务活动管理暂行办法（征求意见稿）》，出台网贷平台的 12 项禁止行为。其中规定：P2P 网贷平台不能自融，不能做资金池归集资金，不能提供担保或承诺保本保息。只是在监管措施落实方面还不到位。

P2P 行业的开山鼻祖尤努斯广受世人尊敬，并且还因此获得诺贝尔和平奖，而现在 P2P 却为何成为骗子公司的代名词呢？怎么样才能正本清源，让真正的 P2P 公司服务于平民百姓呢？以下是几点监管建议：

第一，强调 P2P 的平台功能，严禁设资金池和平台自融。

如果是纯粹的平台，是不会发生 P2P 公司倒闭和跑路事件的，因为 P2P 公司仅仅是中介方，并不承担风险。平台设资金池和平台自融是产生资金链断裂的根源，必须严格禁止。在我国目前的发展阶段，可以禁止非纯中介平台 P2P 的存在，平台不该成为流动性风险的承担者。

P2P 的模式，原本就是希望投资人与借款人直接对接。国内缺乏覆盖全社会的征信体系，使得 P2P 平台都必须介入信用审核的过程。平台通过信用审核和各种可能的保障机制来解决用户对于信用风险的担忧。但由于多数借款是等额本息的，以及多数借款期限较长，再投资和流动性问题变成用户的痛点，因此各类"创新"也以此为切入点展开，很多平台在产品设计上就介入流动性管理。一旦平台介入流动性管理，那么 P2P 的模式本质就发生了很大的变化，其实质与银行的吸储放贷已没有本质区别，只是一种包装而已。

第二，建立资金托管机制。

这是保障消费者资金安全的最有力保障，很多倒闭的 P2P 平台，都将资金放在自己的账户中，风险可想而知。目前，宜人贷、拍拍贷等

P2P 平台都已经建立了完善的托管机制。

第三，尽快建立个人信用档案，设立征信措施的共享机制。

发达国家并没有中国这样发生倒闭和跑路事件，关键在于他们的信用体系比较健全，违法成本比较高，而我国还没有遍布全国的个人征信系统，只有一些局部的、各自为政的零散的个人信用评级。

第四，提高 P2P 公司的门槛。

包括提高实收注册资本、配备一定数量专业技术人员等市场准入制度，设立风险准备金。发达国家 P2P 的规模也不小，但 P2P 的家数并不多，美国、英国等金融发达国家的 P2P 公司都是个位数，而我国却有近 4 000 家。

第五，对于租用高档写字楼，投放巨额广告，给予渠道高额营销费用的 P2P 公司，应该值得警惕。因为所有这一切都会进入成本，成本过高，又要给予投资人比银行利率高的多的回报，平台公司还需要合理利润，能够自我良性循环的可能性不大。

出于对快速扩大规模的追求，很多 P2P 平台"重推广，轻合规"，缺少对金融产品的基本理解和对金融风险的敬畏，致使系统建设和风险管理体系建设严重滞后。为了提高用户的极致体验推出的所谓"金融产品创新"或营销手段，在短时间带来大量用户和交易量的同时，也带来流动性风险、投资者教育缺失等严重的问题。更不要说，有些 P2P 公司从创立那一天起，就是想利用监管漏洞，捞一把走人。如果不尽早明确创新需要遵从的底线，长此以往将造成劣币驱逐良币的结果，使 P2P 的发展进入恶性循环。

回忆信托业的发展整顿历程：信托行业在发达国家早已是一个规范成熟的行业，但在我国的发展是一波三折，1979 年开始成立信托行业，到 1982 年底发展到 620 家，1988 年超过 1 000 家，行业整顿一年后减少到 339 家，1992 年邓小平南方讲话发表后，兴起又一轮投资高潮，乱投资、滥投资重新出现，1994 年、1999 年两次整顿，分业经营，清理不良、再制定行业新规。从无序到整顿，到有序，再到发展，到目前信托业的规模已经超过证券行业，成为仅次于银行业的金融行业。

因此，P2P 行业也难以避免要经历这一过程。

P2P 之所以能够在短短几年时间内野蛮生长，与有关部门的默许、鼓励和监管不力有很大关系。在 P2P 纷纷倒下的时候，既要加强监管，也要区别对待，要像信托业的整顿一样，不能一刀切，切忌把 P2P 行业一棍子打死，有些 P2P 公司确实是在正常经营的，但由于恐慌性的投资者的不理性，正常经营的 P2P 受到投资人的挤兑，打乱了公司正常还款计划，结果造成兑付困难，把本身正常经营的 P2P 公司也逼上绝路。现在身处互联网时代，媒体和网络的力量很可怕，这很可能成为推倒全行业的多米诺骨牌的推手，导致投资者集中挤兑，再大的金融类企业都经不起储户或投资者的挤兑。

第六章

# 虚拟货币——实体货币替代者？

货币发展的历史从商品过渡到金银，再后来出现信用货币（纸币）。但不管货币采取什么形式，都是社会财富的象征。以后货币的发展的形式是虚拟货币吗，现在很多人在炒作的比特币是什么，为什么不少国家会承认它，还有很多类似的"虚拟货币"如 API、MMM 等又是什么，有朝一日虚拟货币能够取代实体货币吗？

# 一、货币的演变及职能

货币的本质就是一般等价物，具有价值尺度、流通手段、支付手段、贮藏手段、世界货币五种职能。

历史上不同地区曾有过不同的商品交换充当过货币，后来货币商品逐渐过渡为金银等贵金属。随着商品生产的发展和交换的扩大，商品货币（金银）的供应越来越不能满足对货币日益增长的需求，又逐渐出现了代用货币、信用货币，以弥补流通手段的不足。进入 20 世纪，金银慢慢地退出货币舞台，不兑现纸币和银行支票成为各国主要的流通手段和支付手续。

21 世纪，随着计算机通信技术以及互联网技术的发展，导致了一个新的市场的出现，这个市场就是基于网络空间的虚拟市场。互联网为消费者提供了大量的交流和沟通场所，同时也把我们现实生活中的货币交易原则引入网络虚拟世界，这就是本章要探讨的网络虚拟货币，随着这些货币交易体系的日益完善，虚拟世界与现实社会的关系也越来越密切。

货币虚拟化是全球趋势。现在以色列已经实现去钞化,韩国等国宣布要建设虚拟货币国家。德国是世界上第一个承认比特币(一种典型的虚拟货币)为"私人货币"的国家。

实际上我们已经处在虚拟货币生活中,并且享受虚拟货币带来的好处。你坐公交车,投币是 2 元,而去公交公司购卡,刷卡在不同城市里优惠 10%—20%;比如美团,只要你在美团"团"一下,把钱投进美团,用美团里的电子货币支付消费,一般可以优惠 10%—20%;通过微信、支付宝交手机费,也可以享受一定的优惠。当然这些都是在公司内部或者很小范围内使用的虚拟货币。

## 二、虚拟货币的特点

所谓的虚拟数字货币是纸币新的表现形式,而非物理货币。虚拟数字货币是完全基于互联网技术的货币形态,它的发行、流通、监管、调控等成本相对更低。虚拟货币离不开有合法的发行许可和安全可靠的区块链技术支撑。

区块链是一种把区块以链的方式组合在一起的数据结构,它适合存储简单的、有先后关系的、能在系统内验证的数据,用密码学保证了数据的不可篡改和不可伪造。它能够使参与者对全网交易记录的事件顺序和当前状态建立共识。

区块链技术概括起来是指通过去中心化和去信任的方式集体维护一个可靠数据库的技术。其实,区块链技术并不是一种单一的、全新的技术,而是多种现有技术(如加密算法、P2P 文件传输等)整合的结果，这些技术与数据库巧妙地组合在一起，形成了一种新的数据记录、传递、存储与呈现的方式。简单来说，区块链技术就是一种大家共同参与记录信息、存储信息的技术。过去，人们将数据记录、存储的工作交给中心化的机构来完成，而区块链技术则让系统中的每一个人都可以参与数据的记录、存储。区块链技术在没有中央控制点的分布式对等网络下，使用分布式集体运作的方法，构建了一个 P2P 的自组织网络。通过复杂的校验机制，区块链数据库能够保持完整性、连续性和一致性，即使部分参与人作假也无法改变区块链的完整性，更无法篡改区块链中的数据。

具体地说，区块链有以下特征：

第一，去中心化。

由于使用分布式核算和存储，不存在中心化的硬件或管理机构，任意节点的权利和义务都是均等的，系统中的数据块由整个系统中具有维护功能的节点来共同维护。

第二，开放性。

系统是开放的，除了交易各方的私有信息被加密外，区块链的数据对所有人公开，任何人都可以通过公开的接口查询区块链数据和开发相关应用，因此整个系统信息高度透明。

第三，自治性。

区块链采用基于协商一致的规范和协议（比如一套公开透明的算法）使得整个系统中的所有节点能够在去信任的环境自由安全的交换数据，使得对"人"的信任改成了对机器的信任，任何人为的干预不起作用。

第四，信息不可篡改。

一旦信息经过验证并添加至区块链，就会永久的存储起来，除非能够同时控制住系统中超过 51% 的节点，否则单个节点上对数据库的修改是无效的，因此区块链的数据稳定性和可靠性极高。

第五，匿名性。

由于节点之间的交换遵循固定的算法，其数据交互是无需信任的（区块链中的程序规则会自行判断活动是否有效），因此交易对手无须通过公开身份的方式让对方自己产生信任，对信用的累积非常有帮助。

区块链技术正在引起各国的高度重视，2015 年下半年起，全球各大跨国金融机构都积极参与区块链项目的投资，如纳斯达克、高盛、桑坦德、Visa、万事达。区块链正在支付、数字货币与结算模式中展开测试应用，2016 年 2 月 25 日 Bitt 公司正式宣布使用区块链技术在巴巴多斯发行当地的电子货币。中国人民银行周小川行长 2016 年 1 月 20 日在央行召开数字货币研讨会，研究区块链。

我们这里引述全球四大会计师事务所之一的德勤与欧洲金融管理协会（EFMA）于 2016 年 5 月发布了《区块链走出实验室：从概念到原型》的关于区块链技术对金融行业的冲击调查报告。

这份报告是德勤与欧洲金融管理协会采访了国际上 3 000 余名金融高管后形成的，报告分析了区块链技术如何影响金融服务领域，归纳目前区块链技术发展进程与应用实例，并总结如何完整地理解使用这一技术。

报告指出，11% 的受访金融高管认为，区块链技术将会在未来 12 到 18 个月成为业界主流。同时 20% 的人认为这一时间结点将会在未来的 18 到 24 个月来临。但是超过一半的受访者则认为区块链技术成为主流将需要花费两到五年的时间。

尽管银行和保险公司担忧区块链技术将会带来一些变化，但与此同时 37% 的金融高管则认为区块链技术为开创新商业模式和创业提供了契机，20% 的人预计区块链技术的使用将优化成本和提高效率，同时还有 11% 的金融高管认为区块链技术的探索来源于行业内的竞争压力。

大约 53% 的金融高管认为联盟链将被大规模采用，18% 则偏向于使用私有链，剩余 39% 的高管则偏好于以比特币为代表的公有链。

所以，区块链技术正在用它透明性、高效率、增强信任的特点颠覆金融服务行业。市场上有些客户有强烈的意愿去使用区块链技术来提高支付效率，帮助预防舞弊以及预测市场走向。

近年来，基于区块链技术的虚拟数字货币以其成本低、流通便捷、安全性高的优点逐渐走进人们的生活，其价值和应用价值也被一些的国家、大众认同。

虚拟货币又可分成两大类：非加密货币（企业币）和数字加密货币（数字货币）。

非加密货币（企业币），是由公司或者私人自我固定发行的，可无限发行不需要通过计算机的显卡 CPU 运算程序解答方程式获得。我国知名的虚拟货币如百度公司的百度币、腾讯公司的 Q 币，盛大公司的点券，新浪推出的微币等。因为其依据市场需求可无限发行，所以其不具备收藏以及升值的价值。

数字加密货币是不依靠法定货币机构发行，不受央行管控。它依据全世界的计算机运算一组方程式开源代码，通过计算机的显卡、CPU 大量的运算处理产生，并使用密码学的设计来确保货币流通各个环节的安全性。基于密码学的设计可以使加密货币只能被真实的拥有者转移或支付。数字加密货币与其他非加密虚拟货币最大的不同，是其总数量有限，具有极强的数量稀缺性。因为这一组方程式开源代码总量是有限的，如果想获得，就必须通过计算机显卡 CPU 的运算才可以获得。正因为加密货币总量有限，具有稀缺性，所以开采的越多，币升值的越高，就好像地球上埋在地里的黄金，数量有限，永不贬值。

非加密货币和数字加密货币的特征主要如下：

非加密货币（企业币）：（1）企业或者个人行为；（2）公司自己造币；（3）无法去中心化；（4）无法在国际交易平台交易；（5）无限量发行；（6）没有矿池网址，没有原始代码；（7）可操控价格，多为单向关系。

开源数字加密货币：（1）去中心化：外部任何相关行业和机构无权利，也无法关闭它，决定它不受任何国家，政府机构以及央行的管控。（2）限量发行：没有发行机构，不可能操纵发行数量。（3）可在国际交易平台自由交易：跨境，跨国汇款，会经过层层外汇管制机构，而且交易记录会被多方记录在案。但如果用加密货币交易，直接输入账户地址，点一下鼠标，等待网络确认交易后，大量资金就过去了。不经过任何管控机构，也不会留下任何跨境交易记录，方便快捷，纸币无与伦比。（4）有矿池网址，原代码。（5）不被纳税，不会被冻结，不可控制价格。任何商店使用加密货币交易，可省去税收以及资金监管大量手续费的成本，全球流通非常方便。同时，加密货币价格可能有所波动。拥有加密货币的人，以及用加密货币来交易流通的人，永不会消失，因为它也是具有价值的信用货币。

从目前发展情况来看，货币的五种职能中，虚拟货币只是局部实现了流通手段和支付手段两种职能，其他职能尚未实现。

## 三、最典型的虚拟货币——比特币分析

世界上最典型的虚拟货币是比特币（Bitcoin：又译成"比特金"），最早是一种网络虚拟货币，跟腾讯公司的Q币类似，但是现在已经可以

购买部分现实生活中的物品。它的特点是分散化、匿名、只能在数字世界使用，不隶属于任何国家和金融机构，并且不受地域限制，可以在世界上的任何地方兑换，也因此被部分不法分子当作洗钱工具。2013 年，美国政府承认比特币的合法地位，使得比特币价格大涨。而在中国，2013 年 11 月 19 日，一个比特币曾相当于 6 989 元人民币，但到 2016 年 5 月 5 日，比特币 / 人民币比价为 2 895，价格波动很大。

对于比特币的发明人，争议较大。2008 年爆发全球金融危机，当时有人用"中本聪"的化名发表了一篇论文，描述了比特币的模式，至于真正的发明人，到现在还不是很确定。

和法定货币相比，比特币没有一个集中的发行方，而是由网络节点的计算生成，谁都有可能参与制造比特币，而且可以全世界流通，可以在任意一台接入互联网的电脑上买卖，不管身处何方，任何人都可以挖掘、购买、出售或收取比特币，并且在交易过程中外人无法辨认用户身份信息。比特币不受央行和任何金融机构控制。比特币是一种"电子货币"，由计算机生成的一串串复杂代码组成，新比特币通过预设的程序制造，随着比特币总量的增加，新币制造的速度减慢，直到 2014 年达到 2 100 万个的总量上限，目前被挖出的比特币总量已经超过 1 200 万个。

那么虚拟货币能否成为未来的主流货币呢？我们先分析一下比特币的通缩特性及优缺点。

凯恩斯学派的经济学家认为政府应该积极调控货币总量，用货币政策的松紧来为经济适时地加油或者刹车。因此，他们认为比特币固定总量货币牺牲了可调控性，而且更糟糕的是将不可避免地导致通货紧缩，进而伤害整体经济。奥地利学派经济学家的观点却截然相反，他们认为政府对货币的干预越少越好，货币总量的固定导致的通缩并没什么大不了的，甚至是社会进步的标志。

首先，根据其设计原理，比特币的总量会持续缓慢增长，直至 2140 年达到 2 100 万个的那一天。总数 2 100 万个是根据设定的算法（如四年收益减半）计算出来的。但事实上，87.5% 的比特币都将在头 12 年内被"挖"出来。比特币货币总量后期增长的速度会非常缓慢。所以从货币总量上看，比特币并不会达到固定量，其货币总量实质上是会不断膨胀的，尽管速度越来越慢。因此看起来比特币似乎是通胀货币才对。

然而判断处于通货紧缩还是通货膨胀，并不依据货币总量是减少还是增多，而是看整体物价水平是下跌还是上涨。整体物价上升即为通货膨胀，反之则为通货紧缩。长期看来，比特币的发行机制决定了它的货币总量增长速度将远低于社会财富的增长速度。

凯恩斯学派的经济学家认为，物价持续下跌会让人们倾向于推迟消费，因为同样一块钱明天就能买到更多的东西。消费意愿的降低又进一步导致需求萎缩、商品滞销，使物价变得更低，步入"通缩螺旋"的恶性循环。同样，通缩货币哪怕不存入银行本身也能升值（购买力越来越强），人们的投资意愿也会升高，社会生产也会陷入低迷。因此比特币是一种具备通缩倾向的货币。比特币经济体中，以比特币定价的商品价格将会持续下跌。

比特币是一种网络虚拟货币，数量有限，但是可以用来套现，如可以兑换成一些承认其合法地位国家的货币。

在被投资者疯狂追逐的同时，比特币已经在现实中被个别商家接受。北京一家餐馆开启了比特币支付。这家位于朝阳大悦城的餐馆称，该店从 2013 年 11 月底开始接受比特币支付。消费者在用餐结束时，把一定数量的比特币转账到该店账户，即可完成支付，整个过程类似于银行转账。该餐馆曾以 0.13 个比特币结算了一笔 650 元的餐费。

2014 年 1 月，Overstock 开始接受比特币，成为首家接受比特币的大型网络零售商。

"世界首台"比特币自动提款机2013年10月29日在加拿大温哥华启用，办理加拿大元与比特币的兑换，迅速迎来排队办理业务的人群。

在中国，也有部分淘宝的店铺开始接受比特币的使用，商家在逐渐增加。

最近传来比特币的利好消息，在美国除了沃尔玛、戴尔等大公司之外，微软也已经开始在其商店接受用户利用比特币（以当前汇率）来购买数字内容，虽然现阶段仅限于美国，但我们可以看到在一些国家比特币开始具有合法地位。比如德国联邦财政部承认比特币为"记账单位"，作为记账单位，比特币和外汇一样可具有结算功能；在一些欧洲国家，比特币是可以拿来进行消费的。

同时，作为一种网络虚拟货币，数量有限，可以用来兑换成一些承认其合法性的货币。各国对于比特币的反应各不相同。

德国：2013年6月底德国议会决定持有比特币一年以上将予以免税后，比特币被德国财政部认定为"记账单位"，这意味着比特币在德国已被视为合法货币，并且可以用来交税和从事贸易活动。

美国：2013年8月，得克萨斯州地方法院法官阿莫斯－马赞特在一起比特币虚拟对冲基金的案件中裁定，比特币是一种货币，应该将其纳入金融法规的监管范围。

中国：在中国，《人民币管理条例》规定，禁止制作和发售代币票券。由于代币票券的定义并没有明确的司法解释，如果比特币被纳入到"代币票券"中，则比特币在中国的法律上并没有获得承认。同时，央行表示，对比特币的态度已在中国人民银行等五部委《关于防范比特币风险的通知》中明确表述：虽然比特币被称为"货币"，但由于其不是由货币当局发行，不具有法偿性与强制性等货币属性，并不是真正意义的货币。从性质上看，比特币应当是一种特定的虚拟商品，不具有与货币等同的法律地位，不能且不应作为货币在市场上流通使用。

《关于防范比特币风险的通知》还要求，中国各金融机构和支付机构不得开展与比特币相关的业务。各金融机构和支付机构不得以比特币为产品或服务定价，不得买卖或作为中央对手买卖比特币，不得承保与比特币相关的保险业务或将比特币纳入保险责任范围，不得直接或间接为客户提供其他与比特币相关的服务。

包括为客户提供比特币登记、交易、清算、结算等服务；接受比特币或以比特币作为支付结算工具；开展比特币与人民币及外币的兑换服务；开展比特币的储存、托管、抵押等业务；发行与比特币相关的金融产品；将比特币作为信托、基金等投资的投资标的等。

以比特币为典型代表的虚拟数字货币已经成为互联网时代的发展趋势，虚拟数字货币在近年来已经受到不少国家的积极推进。

2013 年 8 月，德国承认数字货币的合法性。

2013 年 9 月，以色列承认数字货币的合法性，2013 年 10 月，以色列央行行长表示数字货币的必然趋势。

2013 年 10 月，加拿大温哥华启用世界首台数字货币 ATM 机，同年11 月加拿大承认数字货币的合法性。

2013 年 12 月，法国承认数字货币的合法性。2014 年 5 月，法国成立数字货币之家。

2015 年，数字货币在欧洲相关国家和地区的交易量超过 10 亿欧元。

挪威最大的银行 DNB（De Nederlandsche Bank）日前呼吁，政府应该彻底停止使用现钞。挪威在货币数字化的路上已经处于全球领先地位。据挪威央行统计，挪威的现金交易量自 2001 年以来逐年减少，2001年这一比例为 11%，而现在只有 5.3%。英国央行也在研究考虑是否由央行来发行数字货币。它从 2014 年起就成立了专门的研究团队，并于 2015 年初进一步充实力量，对数字货币发行和业务运行框架、数字货币的关键技术、数字货币发行的流通环境、数字货币面临的法律问题等进行深入研究，已取得阶段性成果。

2009 年 6 月 4 日中国文化部、商务部关于加强网络游戏虚拟货币管理工作的通知首次明确了网络虚拟货币的适用范围，对当前网络游戏虚拟货币与游戏内的虚拟道具作了区分，同时规定从事相关服务的企业需要批准后方可经营。2016 年 1 月 20 日，中国人民银行数字货币研讨会在北京召开。会上认为数字货币的出现将带来许多便利，可以有效降低传统纸币发行、流通的高昂成本，提升经济交易活动的便利性和透明度；可以减少洗钱、逃漏税等违法犯罪行为，更好地支持经济社会发展，助力普惠金融全面实现；有助于建设全新的金融基础设施，进一步完善支付体系，提升支付清算效率，推动经济提质增效升级。中国人民银行宣布已成立数字货币研究团队，争取早日发行自己的数字货币。2016 年 4 月 26 日，中华虚拟数字货币和互联网彩票发展研究中心在北京成立。在我国当前经济新常态下，为探索发行数字货币和互联网彩票的研究，中华民族文化工委、中华民族经济文化发展协会等联合发起成立中华虚拟数字货币和互联网彩票发展研究中心，具有积极的现实意义和深远的历史意义。此研究中心的成立，标志着我国虚拟数字货币元年的到来，也标志着互联网彩票正式迈进新的里程。

但是由于虚拟数字货币的互联网特性，也使其科技带来的双刃剑效应展露无遗。以"MMM"为例，是"MMM"其他的虚拟货币中最有名的。其全称是马夫罗季全球储蓄罐（Mavrodi Mondial Moneybox），据官网介绍，其将自身定义为金融互助组织，为成员互相之间帮助，目标不是为了获取收益，而是摧毁世界不公正的金融体系。

俄罗斯人谢尔盖·马夫罗季是"MMM"的创立者,他在国际上声名狼藉,1992 年在俄罗斯创办的"MMM 金融金字塔"以高回报为诱饵非法集资上百亿美元,牟利 15 亿美元,谢尔盖因此被判刑 4 年半,出狱后,谢尔盖重操旧业,创办了"MMM 互助金融",战场转移至印度、印度尼西亚、南非等发展中国家,2013 年被印度执法机构查封,印度存款人损失 260 多万美元。

2015 年 4 月,"MMM 互助金融"平台传入中国、泰国、越南、缅甸等国,以月收益 30% 的超高收益率,吸引了众多的参与者。

按国内 MMM 社区介绍,会员参与投资必须以马夫罗币这种网站内部货币为载体,可购买额度 60 元到 6 万元不等,买入马夫罗币被称为"提供帮助",卖出马夫罗币被称为"得到帮助"。买入马夫罗币后要经过 15 天的冻结期才能卖出马夫罗币套现,期限为 1—14 天,在冻结和等待出售期内,每天都有 1% 的利息,这也是 MMM 金融互助平台宣称能实现月收益 30%、年收益 23 倍原因。此外,老会员吸收新会员加入可获得推荐奖(下线投资额的 10%)、管理奖以及发展下线的"管理奖":第一代 5%、第二代 3%、第三代 1%、第四代 0.25%,以此激励模式鼓励会员不断发展更多的下线,这已经与《禁止传销条例》第七条中对传销的定义相当一致。

MMM 主要的盈利模式即"借新还旧"——用新投资人的钱,来向老会员支付利息和短期回报,这完全符合庞氏骗局的定义,靠别人所不能的回报来吸引新的投资者,这些回报要么高得不正常,要么就是持续得不正常。这种系统注定是要失败的。

中国人民银行、银监会、工信部、工商总局等四部门在 2015 年 11 月 11 日、2016 年 1 月 18 日曾两次发出风险预警提示,提示 MMM 平台风险,称其运作模式具有非法集资、传销特征,提醒投资者警惕其风险。

与 MMM 类似的还有百川币、摩根币、网络黄金等等，基本都难逃庞氏骗局的嫌疑。

# 四、虚拟货币运行中存在问题和系统风险

目前比特币已经成为投资品，很多人购买就是为了囤着赌上涨，很少人关注比特币作为货币的实用价值。对于作为投资品的虚拟货币（比特币），至少存在以下风险：

## （一）投机性强

货币应该作为一般等价物用于交易，但是比特币的原理跟传统货币的原理不一样，最终是不是能够颠覆传统货币，取决于有多少人相信比特币。目前比特币更像纸黄金，而不是一种严格意义上的货币。整体来看，比特币的投资者将面临着三大风险：比特币实用价值弱、政治和法律风险大、平台安全性差。

虽然目前比特币已经渐渐进入支付领域，比如说可以用比特币购买淘宝网的一些商品，有的房地产商宣称客户可以用比特币购房，欧洲街头也开始出现可兑换比特币的 ATM 机。但是黄震提醒比特币投资者，比特币的实用价值仍较弱，目前投机性很强。另外，要考量比特币是否有投资价值，也需要考虑政治、经济、法律等背景因素，需要承担例如法律突然禁止使用比特币的风险。

## （二）安全性低

比特币交易平台的安全性也是投资者需要考虑的风险。近日由于交

易量暴增，很多投资者反映交易平台页面很卡，也有投资者指出充值之后迟迟未能到账。这些问题的出现会降低投资者对比特币交易的信任度，有的投资者因此直接退出投资者行列。

除了无法提现以外，平台的安全性也让投资者感到不安。早在 2014 年，比特币交易平台 Bitcoinica 就被劫走价值 23 万美元的比特币。2015 年 9 月，Bitfloor 平台也宣布被黑客"抢"走价值 25 万美元的比特币。到了 11 月，捷克平台 Bitcash.cz 宣布，黑客盗走了用户存储在这里的比特币，数量不明。

这些事件表明，比特币的储存和交易的风险或许会比传统货币大，这也成为比特币走向大众的一个障碍。

### （三）稳定性差

比特币就像一只猴性的股票，人们通过生产或是购买等手段获得比特币，唯一的目的就是等它升值到合适的时机再转手卖出，如同认沽权证的游戏。值得注意的是，跟中国的股票市场不一样，比特币没有涨跌停板的限制，这使得比特币的投资风险是没有底线的。

许多金融业内人士认为，比特币正在上演一场当代版的"郁金香泡沫"，如果追究背后的上涨逻辑，比特币始终难逃"世界最危险货币"的印象。

美国达拉斯联邦储备银行高级经济学家兼政策顾问王健就曾提出疑问："比特币的唯一用途是充当交换媒介的支付工具。如果一个支付工具的价格几个月内涨十几倍，是好事还是坏事呢？如果一个货币价格这么不稳定，它真的有可能成为广泛接受的支付工具么？"

虚拟货币作为互联网的产物，开始扮演越来越重要的角色，然而，在虚拟货币日益长大的同时，相关法规却相对滞后，埋下了不少隐患：

1. 私下黑市交易所导致的欺诈行为

网上虚拟货币的私下交易已经在一定程度上实现了虚拟货币与人民币之间的双向流通。这些交易者的活动表现为低价收购各种虚拟货币、虚拟产品，然后再高价卖出，依靠这种价格差赢取利润。

随着这种交易的增多，甚至出现了虚拟造币厂。虚拟货币除了主营公司提供之外，还有一些专门从事"虚拟造币"的人，以专业玩游戏等方式获取虚拟货币，再转卖给其他玩家。以浙江省温州地区为例，大概有七八家这样的"虚拟造币工厂"，从业者达到四五百人。

这样不仅给虚拟货币本身的价格形成一种泡沫，给发行公司的正常销售造成困扰，同时也为各种网络犯罪提供了销赃和洗钱的平台，从而引发其他一些不良行为。

2. 冲击金融体系

现代金融体系中，货币的发行方一般是各国央行，央行负责对货币运行进行管理和监督。而作为网络上用来替代现实货币流通的等价交换品，网络虚拟货币实质上同现实货币已经没有区别。不同的是，发行方不再是央行，而是各家网络公司。

如果虚拟货币的发展使其形成统一市场，各个公司之间可以互通互兑，或者虚拟货币得到整合统一，都以相同标准和价格进行通用，从某种意义上来说虚拟货币就是通货了，很有可能对传统金融体系或是经济运行形成威胁性冲击。

3. 网络安全问题

虚拟货币的购买方式除了直接用现金以外，还提供手机短信、网络转账和固定电话充值等多种方式。这些购买方式在为用户提供方便的同时，也有不小的风险。比如盗用电话充值和未成年人购买等问题。另外，虚拟货币并没有现实货币的防伪技术，电脑黑客可能会利用其安全漏洞生产伪币。

国家工商部门有关人员表示，虚拟货币交易是网络时代派生的经营行为，至今还没有明确的法律条文规范，工商注册范围也没有关于虚拟物品交易的项目。但当虚拟财产交易逐渐人员雇佣化、场所固定化、交易盈利明确化，具有经营性质后，就可能涉及市场秩序、税收问题。

甚至，游戏运营商也没有能力来控制，网络中存在大量"伪钞制造者"，以主营棋牌类网游的边锋为例，其网币对应的购买力曾在一年内缩水近40%。不少人士指出：这样的通货膨胀只会让网民受损，也会让网民丧失对互联网的信心。

透过比特币，应该能够预感到未来金融世界势必面临一场革命，也许比特币不过是虚拟货币革命的先行者。在加拿大起用的世界首台比特币自动提款机，也许以后会成为一个童话式的南柯一梦。但是如果没有比特币，或者会有其他符号出现，实际上已经涌现出数十种数码替代品，这些山寨币为什么会引人去探究，甚至去追逐呢？

更值得注意的是，有世界创新摇篮之称的美国旧金山硅谷，也正在为此而亢奋，在电脑荧屏前的天才生们，他们在研发自己的虚拟货币时乐此不疲，就像当年的网络热潮造就了比尔·盖茨，造就了乔布斯，还有扎克伯格。

某些专家认为数字货币只解决了信用问题，但如果没有适用经济需求的供给调节机制，就无法解决币值的波动问题，它可以成为金融产品、金融资产，却无法成为一个好的货币，一个国家不会允许法币被数字货币代替。

但是，法定货币与私人货币的共存是人类社会的常态，数字形态的私人货币可与法定的电子货币共存。开源共享的分布式信息技术创造了信息的互联网，我们也可以用这个技术传递数字货币，低成本高效率地完成价值传递。

# 五、虚拟货币的应对策略

与传统的经济学理论认为温和的通货膨胀能够促进经济发展不同。比特币的通货紧缩支持者认为,通货紧缩不但不会破坏经济,反而会促进经济发展。如果货币体系回归诚实货币,不具备金融市场投资知识的人,以及没有能力聘请投资顾问的人,只需要简单地持有诚实货币,即可实现一定程度的投资收益。

比特币的其他特性也被认为最适合作为货币存在。比如匿名和公开,由于没有传统世界银行的开户行角色,比特币系统是纯匿名的。虽然可以根据本地完整交易记录查询每个账号的流水信息,但无法将账号和现实的人对应起来。

当然,作为货币,必须与现实世界的物品挂钩,比特币支付,即只有使用比特币购买商品时,才算切实而完整地履行了自己的货币职能。但是采用比特币支付,还存在一些严重的障碍,例如,由于确认机制的制约,比特币无法实时到账;由于币值波动较大,许多商家虽然认可比特币的价值,却不愿意接受比特币支付。这需要专业的比特币支付公司来解决这些问题,开辟便捷、顺畅的比特币支付渠道。

尽管电脑和智能手机已经将互联网带给了全世界超过一半的人口,但电子商务几乎仍要完全依赖迟迟不肯与时俱进的银行系统,其中一些公司使用的电脑代码甚至是在互联网诞生前编写的。

然而,由于比特币的是去中心化的一种无需中央机构参与的支付手段,所以这种货币的兴起将逐步改变现状。比特币的崛起改变了人们对优秀支付方式的理解，比特币抬高了标准，所以大家都在以各种方式匹配这一标准。

德意志电信、西班牙电信、AT&T 等电信运营商，SWFT、PayPal 和 Gemalto 等支付公司，以及美联储以计划联手共商网络支付标准。

这一行业趋势一定程度上归功于比特币的崛起。但比特币的功能还有待于确认，现在的比特币只是起到了一个行业"搅局者"的作用，促使金融业从业人员和监管当局去思考和改变。

数字货币的基础就是一套重要的计算机算法，融合了分布式时间戳、公共密钥和工作系统证明，这对改革当前的电子商务交易方式有着极其重要的参考意义，对金融也有挑战意味。

当然，虚拟货币和货币的虚拟化并不是一码事。

总体上说，目前比特币（包括其他各种虚拟货币）还是一个投机行为的载体，大多数投资人是从众心态去追捧的，希望从低买高卖赚钱，但比特币的价格波动很大，现在也处于一个高位。所以只认为它的总量固定，得到一块少一块（稀缺资源），所以价格会一路走高的投资人很可能会吃亏，当参与的人多了，自然就形成市场，有了市场就有交易平台，就能自由买卖。有些国家承认它，应该是这些国家本身就比较宽容，比较能够接受新鲜事物，再说比特币有可能充当价值尺度、流通手段、支付手段、贮藏手段、世界货币这五种货币职能中的某种（或几种）职能，目前它的交易应该以当天换算率为依据，它的涨跌模式又跟外汇和股票相似，买的人多涨，抛的人多就跌。但比特币目前确定的总量 2 100 万份也是人为规定的，随着区块链技术的发展，比特币完全可以超过 2 100 万个，这时比特币的价值就会大跌。

未来有可能会出现真正意义上的虚拟货币（当然不一定是比特币），现在很多国家都在积极研究中。我国目前并没有关于虚拟（数字）货币的立法，也没承认它的合法地位，但不妨碍我们去积极研究、跟踪观察它的发展趋势，并且借鉴其他国家的做法，使我国既能控制金融风险，也不至于在一场有可能的货币革命中与发达国家拉下距离。

目前区块链技术还处于一个非常早期的阶段，不仅尚未形成统一的技术标准，而且各种技术方案还在快速发展中。但是过去被认为基于区块链技术的系统会非常耗费资源（类似于比特币），或者区块链技术的系统处理数据有限制之类的问题已经在技术上获得了突破。但是，对于区块链技术的可扩展性，还没有经过大规模的实践考验，而现在主要还停留在原型设计阶段。

从目前来看，区块链技术并没有形成成熟的商业模式，如果不能定量分析，使用区块链技术能够为我们带来的实际好处，包括能够节省的资金和创造的价值，那么金融行业一定要保持相对谨慎的态度。毕竟，目前全球金融的基础设施投入已经超过数万亿，要建立一套全新的金融架构和底层操作体系是需要有实际数据相支撑的。在现有技术还没有被部署并且获得使用案例的情况下，能节省下的总金额还是很难确定的。这到目前为止，还是一个巨大的疑问存在，就是到底需要多少资金才能建立一个足够强大的区块链来平台处理，资本市场生态系统每天需要面对的万亿数量级的美元。

此外区块链行业极其缺乏人才，需要大量既了解区块链技术，又了解金融的多方面人才，才能够在现实世界中将区块链技术能够在资本市场中实现，并且提升更好的功能。

所以，区块链技术值得研究，但现在说虚拟货币（而不是货币的虚拟数字化）是实体货币的替代者还为时尚早，一旦一种新事物出来，就有人会利用这种机会，冠以"新事物"、"高科技"、"共享经济"等等似是而非的概念，普通百姓的投资机会少，赌性又比较强，很容易跟风炒作，形成资金盘。大部分现在炒作的所谓"虚拟货币"如 MMM、网络黄金（EGD）、百川币、摩根币等等，都号称基于区块链技术，但区块链技术本身并没有成熟的盈利模式，而这些"虚拟货币"个个都有不合理的高收益，基本都难逃庞氏骗局的嫌疑。

第七章

# 房地产投资信托基金（REITs）——商业
# 地产证券化的实践

资产证券化是金融发展的必然趋势，中国最大的资产——商业地产能否证券化？房地产投资信托基金（REITs）十年前曾经火热过一阵，后来为什么就冷却了，这几年又热起来呢？房地产投资信托基金在我国发展碰到了什么障碍？为什么房地产投资信托基金能套住大型培训机构学员的数百亿元资金，使"金朝阳"变成"夕阳"呢？

# 一、房地产投资信托基金是资产证券化在商业地产领域的实践

首先，我们应该明白，房地产和金融紧密相关。这基于以下四方面理解：（1）具有代表性的房地产开发模式有两种：一是美国模式：以市场化资本运作为主、注重专业化细分和协作，这种模式是发达国家房地产开发的主流模式，房地产开发由地产基金和投资商为主导，而开发商、建筑商、销售商等成为了围绕资本、基金的配套环节；二是中国香港模式：从融资、买地、建造到卖房、管理都以房产开发公司为中心。中国内地之前主要是学中国香港模式，但向国际主流模式变化的趋势也越来越明显，地产基金已越来越多。（2）即使按照目前的开发模式，房地产的开发从招拍挂获得土地，到开发过程中的项目贷款，再到楼盘预售的按揭贷款，金融也贯穿着房地产开发的全过程，没有金融的参与是不可想象的。（3）从2012年第三季度开始，中国证监会牵头，银监会、保监会协助，鼓励金融机构都可以用各种形式，如用资产管理计划来做类似信托，对房地产企业进行金融支持。（4）发达国家已经将住房（商

业地产）做成各种金融产品，如各种金融衍生品等。

资产证券化通俗而言是指具有资格的独立第三方将缺乏流动性，但具有可预期收入的资产，通过将资产价值转化成在资本市场上发行的证券，向公众募集资金，以获取融资，以最大化提高资产的流动性的一个过程。而房地产投资信托基金（英文全称，Real Estate Investment Trusts，简写为 REITs）是房地产证券化的主要手段，房地产证券化就是把流动性较低的、非证券形态的房地产投资，直接转化为资本市场上的证券资产的金融交易过程。

在地产行业，商业地产的流动性一直是地产商在不断寻找解决方案的领域。以我国地产行业为例，对于住宅地产，由于可以进行预售和销售，对于政府而言，可提高社会居住质量和城市面貌，对于开发商而言，可以高效运用资金，两者态度较统一。但对于商业地产（商务办公和商业），政府和开发商则不断地在博弈。若商业地产分割销售，则无法整体把控物业运营，最终无法保证物业质量，于政府而言，这是对社会经济并无太多益处的发展方式，所以政府倾向于商业地产需要整体运营，从土地招拍挂、报规报建以及办理产证等环节控制地产商分割销售的行为；于房地产商而言，由于土地成本和建造成本高，在整体销售售价大幅低于散售的市场环境下，若不分割销售，企业现金回收将大幅减少，对于企业的运营将产生严重的影响，于是在政府控制环节和销售环节与政府不断进行博弈和创新，甚至不惜以打法律擦边球或者违规违法的行为来回收现金流。对于商业地产的这种两难境地，房地产投资信托基金（REITs）很好地解决了这一问题：发起人将其流动性不足但具有未来现金流收入的商业地产打包成流动性强的证券，并用信用增强的措施，通过发行 REITs 的方式出售给投资者。REITs 通过在证券市场上交易，完全打破了房地产是不动产的思维，使房地产的交易变得更具有流动性，同时又将大额房地产项目的投资通过信托基金的方式划分为小额的投资单位，从而让众多以房地产为投资对象的中小投资者获得投资大型房地产项目的机会，使房地产不再是大型投资机构和资产雄厚的投资者才能参与投资的行业。

房地产投资信托基金（REITs）是一种汇集投资者的资金，由专门投资机构进行房地产投资经营管理，并将投资综合收益按比例分配给投资者的一种信托基金。

REITs由美国创造。1960年美国《不动产投资信托法》正式推出REITs，主要是借由房地产的证券化集中投资者的资金，进行公寓、购物中心和办公大楼等各类型房地产的投资，信托后的REITs可在证券市场挂牌交易，买卖方式和股票相同，投资者所获得的收益既包括投资房地产的分红收入，又包括买卖REITs份额所获得的溢价收入，期间投资人不需要实质持有不动产标的。

## （一）REITs的分类如下：

### 1. 根据组织形式分类

表7.1 REITs的组织形式分类

|  | 公司型 | 契约型 |
| --- | --- | --- |
| 成立依据 | 公司法 | 信托契约 |
| 资金筹集方式 | 发行REITs股份 | 发行受益凭证 |
| 是否具有法人主体 | 是 | 否 |
| 管理方式 | 自主进行基金的运作 | 基金管理人作为受托人接受委托对房地产进行投资 |

公司型 REITs 依据《公司法》设立，通过发行股份筹集资金来投资于房地产项目，具有独立的法人资格，美国 REITs 产品以公司型为主。其优势在于它有完善的法人治理结构、独立按投资者利益行事的董事会、公开透明的信息和规范的会计审计等一系列严格的制度安排。

公司型 REITs 一般的组织架构如下：

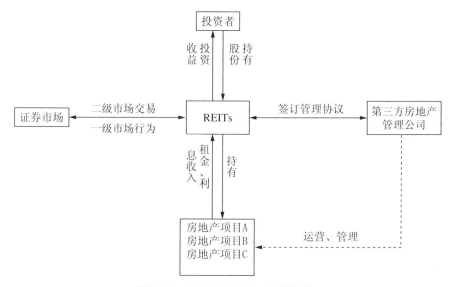

图 7.1　公司型 REITs 组织架构

除公司型 REITs 外，世界上绝大多数国家（地区）的 REITs 产品以契约型为主，按照《信托法》来设立，更根据当事人各方签订的信托契约，由基金发起人发起，公开发行基金凭证募集资金投资房地产项目。其优势在于：解比较简单；同主体见的权力与义务可以在契约中明确地约定，责、权、利关系比较清晰，不易产生纠纷；运作成本较低；成本基本锁定，且透明度较高，易被投资者接受；只需在分配时纳税一次，税率较低。

契约型 REITs 一般的组织架构如下：

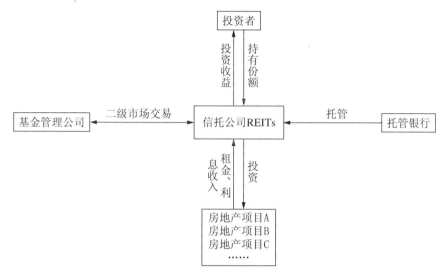

图 7.2 契约型 REITs 组织架构

## 2. 根据投资类型分类

表 7.2 REITs 根据投资类型分类

| | 权益型 | 抵押型 | 混合型 |
|---|---|---|---|
| 投资对象 | 投资于房地产并拥有所有权 | 投资房地产抵押贷款或房地产抵押支持证券 | 自身拥有部分物业产权的同时也在从事抵押贷款的服务 |
| 收益来源 | 运营收入及物业增值 | 房地产贷款的利息 | 运营收入、物业增值、利息 |

权益型 REITs：直接经营具有收益性房地产的投资组合，主要收入来自租金，或买卖房地产的交易利润。权益型 REITs 投资组合视其经营策略的差异有很大不同，常见投资的房地产类型包括购物中心、公寓、医疗中心、办公大楼、工业区、餐厅、旅馆、游乐区或混合型态，等等。

抵押权型 REITs：这类 REITs 主要是扮演金融中介的角色，将所募集的资金用于发放各种抵押贷款，收入来源是发放抵押贷款所收取的手续费和抵押贷款利息，以及参与抵押贷款所获抵押的房地产的部分租金与增值收益。由于投资标的是以放款债权或相关证券为主，而不是投资房地产本身，所以以利息收入为其主要收益来源。

混合型 REITs：就是权益型和抵押权型的综合体，其主要投资标的包括房地产本身及抵押放款债权，其中二者投资比率则由经理人依据市场景气及利率变动进行调整。

3. 根据基金募集方式分类

表7.3　REITs 根据基金募集方式分类

|  | 公　　募 | 私　　募 |
|---|---|---|
| 募集对象 | 社会公众投资者 | 特定客户 |
| 是否可以上市交易 | 可以封闭运行，也可以上市交易 | 一般不上市交易 |

## （二）REITs 的具体特点是：

市面上以权益型 REITs 为主，其主要特点如下：

一是收益主要来源于租金和房产升值；

二是大部分收益将用于分红；

三是 REITs 长期回报率较高，与股市、债市的相关性较低；

四是 REITs 对政府而言，有利于其盘活社会存量房产，从而扩大税基。同时，政府庞大的自持物业可通过 REITs 转成为租赁物业，既可帮助政府融资，也降低运营成本；

五是 REITs 对开发商而言，除了缓解现金流压力外，可以避免开发商自持物业的双重征税，从而提高物业的回报率；开发商以自持物业换取 REITs 在公开市场出让，可规避资产转让税收；抵押型 REITs 可替代银行贷款融资渠道；

六是 REITs 对投资者个人而言，可使房地产投资化整为零，便于小额投资；REITs 股权具有良好的变现性，风险收益介于股票与债券之间，可优化投资组合。

## （三）REITs 上市与地产公司 IPO 的比较

第一，业务范围不同。REITs 的政策清晰，主要投资于可以带来稳定租金收入的房地产项目；而上市地产公司则可以同时从事房地产投资，以及房地产开发活动以外的业务。

第二，派息比例不同。各国（地区）对于 REITs 的股息分派比率都有规定，比如美国、中国香港及新加坡规定 REITs 的股息分派比率最少为 90%；而上市地产公司的股息政策则可能不时改变。

第三，借贷比例不同。各国（地区）对于 REITs 的负债率都有规定，比如中国香港 REITs 的负债率只可占资产总值的 45%，新加坡 REITs 负债率可占资产总值的 60%。反观上市地产公司，负债率可以更高。

# 二、REITs 的发展现状
# （美国、新加坡、中国香港和中国内地）

房地产投资信托基金（REITs）起源于美国，时至今日，在美国 REITs 模型的基础上，已经有 33 个其他国家（地区）也引入了不同形式的 REITs。

截至 2014 年 6 月，REITs 占全球上市房地产市值份额的 45%。美国、澳大利亚及日本为全球领先的 REITs 市场，市场份额占全球份额分别为 55%、10% 和 6%。亚洲有 138 只 REITs，总市值超过 1 180 亿美元，占全球 REITs 市场的 12%。

由于法律问题和地产现状，目前中国内地还没有活跃的 REITs 市场，大部分房地产开发商选择至新加坡或中国香港发行 REITs。

## （一）美国

在美国，REITs 分为公募和私募两种，其中公募 REITs 又分为上市交易和非上市交易两个种类。公开上市的 REITs 必须按《证券法》的规定完成注册程序后才能上市交易，并按照《证券交易法》的要求提交公众报告和披露信息，遵守美国证券交易委员会（SEC）制定的上市规定、准则和要求。除此之外，REITs 还要遵守各州对证券管理的特殊立法。健全的制度为 REITs 的成长提供了法律保障，税收优惠为 REITs 的发展提供了主要驱动力。

关于制度建设，美国对 REITs 从组织结构、股权结构、资产结构、收入结构和分配结构等五个方面制定了完善的法定要求，防止了股东结构失衡，有利防范风险并保证了投资回报。一是组织结构，必须采取公司、商业信托或者协会的组织形式，不属于金融机构和保险公司。二是股权结构，至少有 100 个股东，其中前五大股东不能超过 50%（即 5/50 法则）。三是资产结构，至少 75% 是房地产资产或房地产抵押、现金和政府证券。四是收入结构，至少 75% 的总收入来自不动产租金，不动产贷款利息收入，不动产、其他信托的股权，或其他不动产上的共有权买卖的利得。五是分配结构，每年至少将其应纳税收入的 90% 分配给股东。关于税收优惠，一方面，消除了 REITs 中双重征税问题，REITs 被视为收入传递的工具而免征所得税，其应税收入中已分配部分免交公司所得税。另一方面，REITs 在计算应税收入时综合考虑了诸多因素，其应税收入可以对历年净经营损失进行抵扣，经营损失最高可累积 20 年。

### 1. 市场规模及收益

美国拥有全世界最发达的 REITs 市场，根据美国国家房地产投资信托基金协会（Nation Association of Real Estate Investment Trusts，NAREIT）统计，至 2016 年 2 月，向美国证券交易委员会（SEC）注册的 REITs 有 221 只，它们都在美国主要股票交易所挂牌上市，其中在纽约证券交易所（New York Stock Exchange）交易的有 196 只；这些登记上市的 REITs 总资产高达 9 010 亿美元，权益型 REITs 的市值高达 8 460 亿美元。自 2006 年 2 月至 2016 年 2 月全美 REITs 平均每日交易量从 19 亿美元扩张至 74 亿美元，基本每 5 年翻一番。

根据 NAREIT 就 2014 年 REITs 对美国经济的贡献制作的最新报告（"Economic contribution of REITs in the United States"，2016 年 3 月），2014 年，美国 REITs 对经济的贡献包括创造了 180 万个就业岗位和 1 075 亿美元的劳动收入；REITs 产生了大约 440 亿美元的利息收益和 816 亿美元的分红收益。同时，REITs 对新建项目和存量项目的常规资金需求提供了 559 亿美元的支持。

至 2014 年末，上市型 REITs 已经成为美国 REITs 市场的主要类型，上市型 REITs 的市值从 1990 年末的 90 亿美元增加至 2015 年末的 9 500 亿美元，以每年 21% 的速度在增长。至 2014 年，权益型 REITs 的净资产占美国上市型 REITs 总资产净值的 70%，市值大约为 REITs 总市值的 90%。至 2014 年年底，美国 REITs 已经拥有价值 3 万亿美元的房产资产净值，上市权益型 REITs 投资标的超过 19 万栋物业。包含：3 900 栋办公楼；550 个社区商业、3 500 个购物中心、4 700 家餐厅和 11 500 个零售物业；4 400 个工业工厂；4 000 个多单元房屋（约 76 万套公寓）；1 800 个旅馆 / 酒店；6 700 个医药相关物业，包括 1 600 个医药办公楼、2 900 个护理中心和 2 200 个其他健康基础设施；8 万个电信塔；6.6 万个独体别墅。

美国上市 REITs 的中长期收益率要高于其他指数。1972—2015 年，美国权益型 REITs 的复合年均收益率为 12%，而同期纳斯达克和道琼斯工业平均指数年化收益分别为 8.86% 和 6.99%；抵押贷款型 REITs 的复合年均收益率约为 9%；而巴克莱美国债券指数复合年均收益率约为 5.94%。 2010—2015 年，权益型 REITs 产品的总回报为 2.2 倍左右，对应年化收益约为 18.8%；而 S&P500 指数总回报为 1.9 倍左右，对应年化收益约为 15.6%。抵押贷款型 REITs 产品总回报为 1.6 倍左右，对应年化收益率约为 10.6%；而巴克莱美国债券指数总回报为 1.2 倍左右，对应年化收益率约为 5.1%。

2. 美国 REITs 发展历史时期

1960—1967 年发展期：1960 年，美国国会通过《房地产投资信托基金法》，此法的目的在于汇集多数投资人的资金运用于较大的收益型商业房地产计划。早期法律禁止房地产投资信托基金直接经营或者管理房地产，需委托第三方管理，获利较低，因此，早期的 REITs 发展比较缓慢。当时仅有 10 家 REITs，整个规模刚超过 2 亿美元。

1968—1974 年成长期：1967 年开放抵押权型 REITs（Mortgage REITs），于是 1968 年到 1974 年银行利率管制时期 REITs 达到发展巅峰。在房地产开发热中，银行掀起新的抵押型 REITs 热潮。这使得 REITs 利用少量股东权益和大量借款向房地产业提供短期贷款，在这一时期美国 REITs 数快速成长将近 20 倍，REITs 总资产从 1968 年 10 亿美元快速增加至 70 年代中期的 200 亿美元。其中权益型有 209 家，抵押权型有 113 家，光是 1973—1974 年，REITs 总资产就激增 45%。

1975—1980 年萎缩期：在 1974 年之后，因为多数业者过于乐观而进行高度财务杠杆操作，许多公司在短期内扩张过速，而当时的 REITs 禁止自行管理财产，需由第三方管理，早期的经理公司处理资产表现不佳，大多未能做好投资管理；再加上利率升高、缺乏多样化投资组合、高估开发报酬率、对投资风险的控管不佳，20世纪70年代又遭遇美国整体经济衰退，进一步打击了REITs通过不断控制地产获得平稳成长的能力，高达70%甚至以上的净资产负债率对该产品而言无疑是雪上加霜，导致REITs不断萎缩。抵押型REITs的负债杠杆使其不良资产迅速升至1974年的73%，REITs价格暴跌。1979年底REITs规模比1972年底小很多。到1980年，REITs跌到谷底，资产总额由1974年的204亿美元，大幅下降至1980年的70亿美元。

1981—1990年调整期：1981年以后，REITs开始在经营上讲求多样化投资与投资风险管理，并降低负债比率。1981年美国国会通过《经济振兴法》，允许业主利用房地产折旧来避税，刺激了房地产购买热。美国REITs的复苏转机来自1986年制定的《税收改革法》(the Tax Reform Act of 1986)。1986年前，REITs因为不能抵减损失，因此无法与有限合伙(limited partnership，另外一种房地产证券化的组织形态)制度竞争。1986年《税收改革法》(the Tax Reform Act of 1986)限制了有限合伙的减税优惠，该法大大削弱了合伙企业通过产生账面亏损为其投资者进行税收抵扣的能力，并取消了房地产的加速折旧记账方式，放松了REITs的准入标准，从而使REITs不仅可以拥有房地产，还可以在一定条件下经营管理房地产；而且，大多数REITs在其组织文件中也增加了保持低负债的条款，降低了运营风险。该法促进了REITs的发展，使得权益型REITs在所有权与资产经营上有更强的基础。同时该法也开放REITs可以直接经营管理他们的资产，不再需要通过第三方。其他修正项目还包括：REITs成立的第一年有关资产与所得的规定予以放宽、资金收入的重新界定、以直线折旧取代原来的加速折旧方式。但80年代末大量重复建设使房地产陷入困境。1990年，股权类REITs的总收益率为-14.8%。

1991—1993年恢复发展期：20世纪90年代是REITs的高速扩张阶

段，成长的原因有二，一是 1990—1991 年经济不景气时，商用房地产价格下跌约 30%—50%，因而使得 1992—1993 年经济复苏时，房地产投资者纷纷进场。另一个助力是 1992 年立法创造了伞形合伙制 REITs（UPREITs），伞形合伙制 REITs 放宽了资产拥有者投入房地产投资信托基金的税制，促使大型房地产业主纷纷转型发展 REITs。而 1993 年时，开放退休基金得以投资 REITs，也使得投资机构群更为扩大。因此，进入 20 世纪 90 年代之后投资人的信心逐渐恢复，加上 90 年代美国的经济繁荣也带动了 REITs 的迅速发展，1990 年共有 119 家 REITs 上市交易，资产市值为 87 亿美元。这期间 REITs 年收益率为 23.3%。

1993—1994 年 IPO 大发展期：1990 年底，所有公开上市的股权类 REITs 市场总额为 56 亿美元，到 1994 年底，则超过了 388 亿美元。同时，REITs 参与的房地产部门也迅速扩展至购物中心、营销中心、工业地产、居住区、自储设施和宾馆 / 酒店等。

1995—2000 年震荡向上期：1994—1995 年是大多数公寓和零售 REITs 回调期。1996—1997 年牛市再现，受养老基金转向 REITs 推动，1996 年股权类 REITs 总收益 35.3%。1998—1999 年 REITs 因上涨过快而回调。此后，由于经济和房地产增长良好，2000 年 REITs 规模和资产价值再次增长。

2001 年以来并购和多策略期：2001 年以来，美国房地产业出现一系列收购。超 10 亿美元的 REITs 由 1994 年 4 家升至 2001 年 10 月 44 家。2001 年 10 月，股权写字楼房地产投资信托基金被纳入 S&P500 指数，极大增强了整个 REITs 业的信用。此后，资本再循环策略、股票回购、合资经营等受到 REITs 的青睐。

3. 新加坡

作为亚洲继日本之后第二个推出 REITs 的国家，新加坡于 1999 年 5 月颁布《新加坡房地产基金指引》（Guidelines for Property Funds in

Singapore），推出 REITs。至 2013 年 10 月新加坡证券交易所共有 23 只 REITs，市值超过 720 亿新加坡元（约 570 亿美元），至 2014 年总共有 27 只 REITs 产品在新加坡交易所（SGX）挂牌。

新加坡证券交易所是全亚洲除日本外规模最大的 REITs 上市地，也是亚洲第一个允许跨境资产发行房地产投资信托的国家。S-REITs 的迅速发展离不开政府提供政策支持，其便利、宽松的上市条件也是中国地产商选择 REITs 的境外首选地之一。

新加坡 REITs 主要采用信托模式，根据新加坡交易所的定义，基金管理人根据新加坡交易所上市规则的规定以及信托契约的约定发行 REITs 份额，用募集资金购买房地产或者相关资产。基金管理人负责 REITs 的日常管理与运营，并聘任物业管理人管理房地产及相关资产。受托人根据信托契约的约定为基金份额持有人的利益持有 REITs 资产，管理房地产及相关资产的收入，扣除支付给受托人、基金管理人、物业管理人的费用之后，全部作为股利形式支付给投资者，并代表基金份额持有人的利益监督基金管理人的运作，具体组织结构如图 7.3 所示。

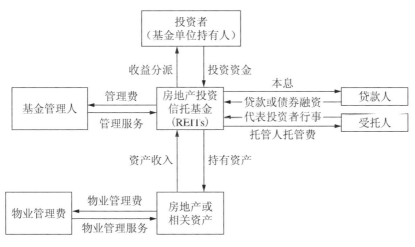

图 7.3　新加坡 REITs 运作流程

### 4. 中国香港

中国香港的 REITs 是集体投资计划的一种，通过集中投资于可带来收入的中国香港或海外房地产项目。香港证监会是 REITs 的主要监管机构，在香港获认可买卖的 REITs 必须于香港联合交易所上市。证监会认可的 REITs 受证监会的《房地产投资信托基金守则》及联交所发出的有关上市规则限制，根据规定，REITs 的股息分派比率最少须为 90%。

2014 年 2 月，香港证监会宣布就修订《房地产投资信托基金守则》展开公众咨询，建议允许 REITs 投资发展中物业或从事物业发展活动，以及允许 REITs 投资金融工具；撤销了香港房地产信托投资基金投资海外房地产的限制，允许其在全球投资于房地产项目，将 REITs 投资海外物业及负债比率上限调高至 45%。其目的是增加 REITs 灵活性，以跟进新加坡 REITs 迅猛的发展态势。

与香港联合交易所一贯的严格政策类似，香港 REITs 上市前及上市后的诸多要求也显著高于新加坡等地，消弱了香港 REITs 的吸引力。同时，2006—2007 年，香港股市繁荣，REITs 的吸引力完全被股市掩盖，2008 年的金融危机，投资气氛迅速转差，2010 年，香港开始采取严厉的楼市调控政策，REITs 因上述原因并没有得到很好的发展。截至 2013 年 6 月，在香港上市的 REITs 仅有 10 只，市值 230 亿美元，截至 2014 年 6 月 11 只 REITs 产品在香港交易所挂牌，总市值约 1 853 亿港元。

对于商业信托，香港此前并没有单独的法律框架，直至出现非地产类信托上市的需求之后，香港于 2011 年引入了股份合订单位的概念并于 2012 年 8 月发布了商业信托及合订证券上市的一般原则。截至 2014 年 6 月底，总共有 4 只商业信托在港上市，其中方兴地产分开金茂以及鹰君集团分拆朗廷酒店属于地产类商业信托，另外两只均属于电力行业（港灯电力投资有限公司以及香港电讯有限公司）。

表 7.4　新加坡与中国香港 REITs 市场环境比较

|  | 新加坡 | 中国香港 |
|---|---|---|
| 组织结构 | 1. 受托人须由新加坡金融管理局（MAS）认可，资本不低于 100 万新元，具有相关专业经验的独立第三方管理公司<br>2. 资产管理公司必须是在新加坡注册上市的，持有 MAS 颁发的投资顾问执照，从业 5 年以上的独立第三方管理公司 | 1. 必须以信托的形式组成，不能以公司形式组成<br>2. 必须任命一个 1 000 万港元资本以上、能代表信托单位持有者利益的独立第三方担任受托人<br>3. 必须任命一个经证券与期货委员会批准的管理公司对信托资产进行管理<br>4. 必须任命一个独立的资产评估师<br>5. 除经信托持有者同意外，持有不动产时间必须不少于 2 年<br>6. 必须在香港股票交易所挂牌上市公开交易<br>7. 可以通过全资专用载体（SPV）购买和拥有不动产<br>8. REITs 每年进行一次估值 |
| 资产要求 | 1. 至少 70% 以上的资产是投资房地产和与房地产相关的资产<br>2. S-REITs 不能从事或参与房地产开发活动，不论是以独资或合资方式，还是以投资非上市房地产开发商的形式<br>3. 除了投资获准开发的空地十即将开发的房地产外，不能投资空地<br>4. 投资新加坡境内未开发完成的非住宅房地产，或者是新加坡境外未开发完成的房地产，均不得超过总资产的 20% | 1. 只可以投资房地产项目<br>2. 可以购入空置及没有产生收入或正在进行大规模发展、重建或者修缮的建筑物的未完成单位，但这些项目的累计合约价值不得超过总资产净值的 10%<br>3. 除了修缮、翻新、改造外，不能投资空置土地或参与物业开发活动<br>4. 允许通过特别子公司投资旅馆或者游乐园<br>5. 不能对外贷款、为任何债务提供短期担保或不经受托人事先书面同意用信托资产设担保<br>6. 不能投资获得任何须承担无限责任的资产 |

（续表）

|  | 新加坡 | 中国香港 |
|---|---|---|
| 收入要求 | 无限制 | 1. 必须以获取连续稳定租金收入为目的专注投资房地产<br>2. 收入主要应来自房地产租金收益<br>3. 持有不能产生收益的房地产资产不能超过房地产投资信托基金净资产总额的 10% |
| 红利分配要求 | 每年 90% 以上的收入用于分配 | 每年至少将净收益的 90% 以分红形式分配给单位信托持有者 |
| 发行费用 | 600 万至 1 000 万元人民币之间，约占上市融资额的 5%—10% | 企业无论大小，最少 1 000 万港元，约占上市融资额的 10%—20% |
| 速度 | 申请新加坡上市的内地企业相对较少，上市速度相对快些 | 香港上市的内地企业日益增多，等候时间会长 |
| 长期负债要求 | 负债比例上限为总资产的 60% | 负债比例上限为资产总值的 45% |
| 税收优惠 | 对 REITs 免征公司所得税，投资者收益的预扣税率从 20% 降至 10%，免征 3% 印花税，对个人投资者免征个人所得税 | 对 REITs 免征公司所得税，对投资者没有税收优惠 |
| 证券市场规模 | 比中国香港小 | 中国香港其证券市场的规模比新加坡大，香港联合交易所上市公司总数约是新加坡交易所的 2 倍，总市值约是新加坡的 3 倍，交易值约是新加坡的 2 倍 |

5. 中国

中国 REITs 发展的政策背景：

2006—2008 年，REITs 曾经热过一阵，北京、上海等中心城市经常举办各种 REITs 研讨会，但随着 2008 年从美国爆发的、后来席卷全世界的金融危机的来临，REITs 基本销声匿迹，因为这次危机的导火线就是美国的"房地美"和"房利美"，与房地产的过度证券化有关。

随着国际金融危机的结束，经济复苏，以及对资产证券化发展的内在要求，REITs 的研究探讨又重新提上日程。

2013 年 7 月，国务院下发《关于金融支持经济结构调整和转型升级的指导意见》，提出"用好增量，盘活存量"的总体货币政策指导思路，

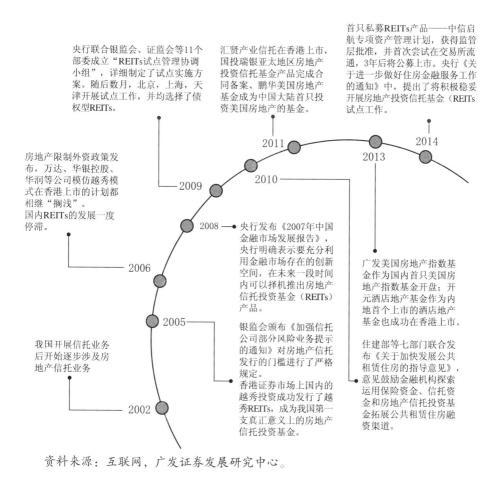

资料来源：互联网，广发证券发展研究中心。

图 7.4　中国 REITs 的推行进程

支持经济结构的调整和转型升级。资产证券化业务是盘活存量的重要工具之一。

2014年3月，证券公司资产证券化新规出台，业务常规化，可证券化的基础资产包括企业应收款、信贷资产、信托受益权、基础设施收益权等财产权利，商业物业等不动产财产等。在8月28日的国务院会议上，李克强总理提出信贷资产证券化要常规化，并且部分资产支持证券可以在交易所流通。

2014年9月30日，中国人民银行发布《中国银行业监督管理委员会关于进一步做好住房金融服务工作的通知》。文件从多层次入手，进一步放松房地产信贷。《通知》除对合理建设给予贷款支持外，明确表示扩大市场化融资渠道，鼓励银行业金融机构通过发行住房抵押贷款支持证券（MBS）；积极稳妥开展房地产投资信托基金（REITs）试点。

2015年1月，住房建设部印发《关于加快培育和发展住房租赁市场的指导意见》，指出"将积极推进房地产投资信托基金（REITs）试点"。随后，中信证券和苏宁云商先后发行了两单私募类REITs；鹏华基金之后推出首单公募类产品，分别实现了REITs在私募和公募领域的破冰，拉开了内地REITs发展的帷幕。

中国REITs的实践案例：

（1）中信启航产品——内地首个REITs产品。

2014年1月，中信证券设立中信启航产品。该产品是中信证券通过旗下发起设立的非公募基金全资子公司，以不低于50.4亿元的价格，接收持有北京、深圳两地中信证券大厦房地产权的两家全资子公司的全部股权，并对此进行不动产证券化业务。

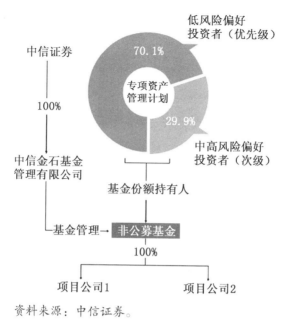

资料来源：中信证券。

图 7.5 中信启航专项资产管理计划交易结构

中信启航产品采用结构性设计，针对不同风险偏好的投资人，将产品分为优先级和次级两类。优先级为低风险的投资人，500 万元起购；针对中高风险偏好的投资者次级部分，3 000 万元起购。优先级预期收益率 5.5%—7%；次级预期收益率在 12%—42%。产品总规模 52.1 亿元，优先级和次级按 7:3 比例发行。

按照证监会批准，在产品发行完成后的存续期间，不论是优先级还是次级份额，均可在深交所综合协议交易平台转让。同时，为了确保交易前后投资者限制在 200 人以内，交易所对每次转让的份额数量还作了限制，仅向合格机构投资人发售。

（2）苏宁与中信合作——内地首个商业项目 REITs。

2014 年 12 月，苏宁将 11 家全资子公司全部权益转让给基金管理人中信金石拟发起设立的私募投资基金及相关方开展创新资产运作，将专项计划的基础资产从物业固定资产变为基金份额。

中信证券联合苏宁云商创设的这项计划规模接近 44 亿元，其中 A 类证券规模约为 20.85 亿元，期限不超过 18 年，每 3 年开放申购／回售；B 类证券规模约为 23.1 亿元，期限为 3+1 年。A 类预期收益率约为 6.17%，B 类是固定＋浮动收益，固定部分约为 8.5%。推广对象为合格机构投资者，A 类、B 类份额最低认购金额均为 100 万元。

中信私募基金成立后，中信金石以其名义收购苏宁云商持有的这 11 个项目公司 100% 的股权，且将持有的优先债前 18 年的利息收益权通过实物分配方式转让至苏宁云商。苏宁为了保证对 11 家门店的有效使用权，将承租 11 处物业，来实现对这 11 家门店的权利延续。

（3）鹏华前海万科 REITs——内地首个公募基金。

2015 年 6 月 26 日，前海 REITs 公开发行，总规模 30 亿元，预期年化收益率 8%。发行渠道主要是银行的柜台，面向个人投资者。发行期间，投资者单笔认购门槛为 10 万元。2015 年 9 月 30 日，鹏华前海万科 REITs 作为国内首单公募 REITs 正式在深交所挂牌上市，在二级市场可以 1 万元为单元进行交易。

REITs 标的物——前海万科企业公馆，是一个出租率达到 100% 的高端写字楼项目。目前已出租办公楼的平均租金水平可以达到每平方米每月 250 元，最高的能达到每平方米每月 320 元。

这款 REITs 还有 50% 的资金会用来投资其他固定收益类资产。它采用现金分红方式，收益每年至少分配一次，且分配比例不低于当年可供分配利润的 90%。

（4）万达稳赚 1 号——REITs 创新。

2015 年 6 月，万达推出商业地产众筹产品"稳赚 1 号"，只需 1 000 元即可购买。该产品三天之内总共募得资金 50 亿元，其中 45 亿元面向机构，5 亿元面向个人。它让普通人参与到不动产开发运营环节，分享租金收益和物业增值收益，并且具有灵活的流动性。

"稳赚 1 号"的期限不超过 7 年，收益由两部分构成，一是万达广场项目的租金收益，每年派发，大约年均能达到 6%；二是投资物业的增值收益，在退出项目时一次性发放。资产包在三年之后可选择 REITs 或其他形式上市，这样的话物业增值部分的收益最高能达到年化 14% 的水平，如果不选择上市，满 7 年后万达将回购物业，或者由第三方收购，物业增值收益也能达到 6%。两部分收益叠加，预期年化收益在 12%—20%。

同时，万达和上海自贸区合作搭建了准 REITs 权证交易平台，在投资 3 个月后，投资人可以将份额在快钱信息平台上进行报价转让，实现流通或退出。

## 三、中国房地产投资信托基金的发展前景及存在的障碍

目前，我国仅有基金化房地产信托产品，主要是私募性质，规模要远小于其他房地产信托产品。截至 2014 年第一季度末，基金化房地产信托产品规模合计 128.52 亿元，仅占投向房地产资金信托余额 1.15 万亿元的 1.12%。

按照美国 1960 年房地产投资信托基金（REITs）约 2 亿美元的上市总市值计算，当时美国 REITs 上市总市值占美国储蓄总额的 0.16%。而我国 2013 年底的储蓄总额已达 44.76 万亿元，如果按照 1960 年美国房地产投资信托基金发展初期的规模占比看，未来发展 REITs 初期的规模将达 704.88 亿元，远大于目前基金化房地产信托规模 128.52 亿元。该规模对

房地产资金来源替代率为 0.47%。

假设按照美国上市 REITs 发展历程（2010 年美国上市 REITs 达 3 890 亿美元，占美国储蓄总额的 17.25%），再假设储蓄水平不变且未来达到与美国相同规模，可预计我国内地未来上市 REITs 规模将达 7.72 万亿元，对房地产资金来源替代率将升至 16.34%。

但从当前环境来看，未来要想 REITs 快速发展，仍需突破几重障碍：

一是收益率难题。内地推进 REITs 面临的市场问题是，较低的租金回报率难以满足投资者的期望。20 世纪 80 年代末 90 年代初是房地产大发展的开始时期，30 来年都以资金快速周转的销售模式来扩大规模，这导致我国在持有并运营物业方面有明显的短板。大部分物业一方面硬件条件不足、维护成本过高，另一方面后期运营管理差，导致租户质量低下或产权分散混乱，优质的物业数量有限。有研究报告显示，在国内的一线城市，大多数物业的净租赁收入减去支出后，净租金回报率往往低于 3%。以万达商业为例，万达商业在香港上市，目前因 H 股的股价极为低迷而进行私有化，其原因就是市场认为，采用物业销售支持公司长期持有物业的商业模式难以为继的，必须大举举债来补充现金流。这种模式由于商业地产低租金回报率，不足以支持公司的借款利息，形成负杠杆，使非销售业务的运营现金流为负，而且投资物业大量占用了公司的投资现金流，使租金收入无法支付债务支出。

二是税收政策。当前内地还没有 REITs 的税收支持政策，装入 REITs 的物业需要缴纳多种税，这将使本就不高的租金回报率雪上加霜，使得 REITs 产品的回报率难以满足投资者需求。国际上通行的 REITs 收益率标准约为 7%—8% 的水平，在我国现行税收制度下难以得到满足。

表 7.5　各国（地区）在持有环节对于 REITs 的税收优惠

| | | 持有环节 | | | | |
|---|---|---|---|---|---|---|
| | | 房地产税 | 营业税 /<br>增值税 | 城市<br>建设税 | 贸易税 | 所得税 |
| 美国 | 计税基础 | 物业价值 | | | | 利润 |
| | 税率 | 1%—3% | | | | 15%—35% |
| | REITs | 无 | | | | 租金收入用于分红<br>的部分免税 |
| 澳大<br>利亚 | 计税基础 | | | | | 利润 |
| | 税率 | | | | | 45% |
| | REITs | | | | | 分红部分免税 |
| 日本 | 计税基础 | 物业价值 | 租金<br>收入 | 物业<br>价值 | | 利润 |
| | 税率 | 1.40% | 5% | 0.30% | | 42% |
| | REITs | 无 | 无 | 无 | | 分红计入税前成本 |
| 新加<br>坡 | 计税基础 | 租金收入 | | | | 利润 |
| | 税率 | 10% | | | | 18% |
| | REITs | 无 | | | | 分红部分免税，出<br>售利得免税 |
| 中国<br>香港 | 计税基础 | | | | | 利润 |
| | 税率 | | | | | 16.50% |
| | REITs | | | | | SPV 层面利润免<br>税，来自 SPV 的<br>分红免税，境外取<br>得的收入免税 |

（续表）

| | | 持有环节 | | | | |
|---|---|---|---|---|---|---|
| | | 房地产税 | 营业税／增值税 | 城市建设税 | 贸易税 | 所得税 |
| 中国 | 计税基础 | 物业余值／租金收入 | 租金收入／收入增值部分 | 增值税 | | 利润 |
| | 税率 | 1.2%/12% | 5%/11% | 1%—7% | | 25% |
| | REITs | 待定 | 待定 | 待定 | | 待定 |
| 英国 | 计税基础 | | | | | 利润 |
| | 税率 | | | | | 30% |
| | REITs | | | | | 免税，但投资其他的房地产投资信托基金收益不免税 |
| 德国 | 计税基础 | 物业价值 | | | 利润 | 利润 |
| | 税率 | 1%—1.5% | | | 9.1%—19.7% | 25% |
| | REITs | 无 | | | 无 | 免税 |

表 7.6  各国（地区）在 REITs 交易环节的税收优惠

| | | 交易环节 | | | | | | |
|---|---|---|---|---|---|---|---|---|
| | | 转让税 | 印花税 | 契税 | 营业税／增值税 | 土增税 | 贸易税 | 所得税 |
| 美国 | 计税基础 | 交易价格 | | | | | | 出售利润 |
| | 税率 | 0.5%—1% | | | | | | 15%—35% |
| | REITs | 无 | | | | | | 用于分红的部分免税 |

（续表）

| | | 交易环节 | | | | | | |
|---|---|---|---|---|---|---|---|---|
| | | 转让税 | 印花税 | 契税 | 营业税/增值税 | 土增税 | 贸易税 | 所得税 |
| 澳大利亚 | 计税基础 | | 交易价格 | | | | | 出售利得 |
| | 税率 | | 不超过6.75% | | | | | 45% |
| | REITs | | 无 | | | | | 免税，未分红部分减半 |
| 日本 | 计税基础 | 交易价格 | 交易价格 | 交易价格 | 交易价格 | | | 出售利得 |
| | 税率 | 4.00% | 0.011%—0.15% | 5.00% | 5% | | | 持有5年以上20%，5年以下则39% |
| | REITs | 1.30% | 无 | 1.70% | 无 | | | 无 |
| 新加坡 | 计税基础 | | 交易价格 | | | | | 出售利得 |
| | 税率 | | 3% | | | | | 18% |
| | REITs | | 免税 | | | | | 资本利得免税 |
| 中国香港 | 计税基础 | | 交易价格 | | | | | 出售利得 |
| | 税率 | | 收购物业3.75%，收购股份0.2% | | | | | 17.50% |
| | REITs | | 无 | | | | | 免税 |
| 中国 | 计税基础 | | 交易价格 | 交易价格 | 交易价格/增值部分 | 增值部分 | | 出售利得 |
| | 税率 | | 0.05% | 3% | 5%/11% | 30%—60% | | 25% |
| | REITs | | 待定 | 待定 | 待定 | 待定 | | 待定 |

（续表）

| | | 交易环节 | | | | | | |
|---|---|---|---|---|---|---|---|---|
| | | 转让税 | 印花税 | 契税 | 营业税/增值税 | 土增税 | 贸易税 | 所得税 |
| 英国 | 计税基础 | 交易价格 | | | | | | 出售利得 |
| | 税率 | 1%—4% | | | | | | 30% |
| | REITs | 无 | | | | | | 免税 |
| 德国 | 计税基础 | 交易价格 | | | | | 出售利得 | 出售利得 |
| | 税率 | 5.09% | | | | | 9.1%—19.7% | 25% |
| | REITs | 无 | | | | | 无 | 免税 |

资料来源：互联网，广发证券发展研究中心。

三是政策支持力度不足，包括登记制度、上市交易和退出机制不完善；《信托法》《公司法》相关部分不完善等。此外，现存的REITs产品审批流程复杂、资产评估难也阻碍了REITs的推出和发展。REITs发展需要良好的市场流动性、较低的投资门槛和产品的标准化进行配合，这类基础性制度建设也需要一个复杂的过程。

四是监管障碍。按照中国金融业分业监管的原则，信托公司由银监会而非证监会监管。在这种情况下，作为信托基金的REITs只能在银行间市场流通，导致其募集资金有限，且个人投资者和相当多的机构投资者不能参与，难以体现REITs的规模和流通价值。

# 四、金朝阳的房地产投资信托基金迷局

金朝阳是一家大型的财商培训机构，自称拥有4所有教学资质的学校（院），在全国拥有近400个招生网点，传播财商的足迹遍布全国39个城市。其课程体系类似金字塔，最底层是ITF（又称财富觉醒沙龙，课时半天，收费100元或者免费），其上是IBS（目前又称家庭及企业资产增值白金课，课时三天两夜，学费2 800元），第三层为IFC（又称金朝阳财富商学院，课时三个月，学费7.88万元），位于塔尖的是BCC（英文全称为Billionaire Coun-try Club，音译为比邻奈儿乡村俱乐部，意译是10亿富人乡村俱乐部）。

有意思的是这个自称"中国家庭财商教育第一品牌"的创始人是两位美国人：美籍华人牛嘉玲和白人麦伯才。

金朝阳平台鼓励学员奉献，自己免费甚至贴钱做义工，传播财商（给学员讲课），这些无疑是很好的举动，学员之间互助，讲师是平台学员，工作人员也是平台学员，金朝阳开课只需要场地费用，三个月，每个月三天的课程，加一个毕业仪式，共计十天，成本应该很低，但金朝阳平台竟然向每人收取高额的听课费用：IFC每人6.88万元，后来涨到7.88万元，BCC每人12.8万元，IFC学员估计有2万人，BCC约有5 000人，这些钱又流进谁的口袋？鼓励别人奉献，平台自己拼命捞钱，这是何故？

金朝阳有句很霸道的口号是："听话、照做"，全文是"我做给你看，我教你怎么做，我陪着你做"，听上去非常在理，但做给别人看的所谓"老鸟"（从事后得知），大多实际上是些负债累累的破产之徒，根本不是按照表面上要求"净总比"（净资产占总资产的比例）不能突破30%。这些教练隐瞒了自身实际资产状况，绝大多数又是没有受过系统金融教育的人，结果也可想而知。

虽然金朝阳培训表里不一、说一套做一套，但这也是很多培训公司为了有利于招生使用的惯常做法，如果仅仅是培训，即使收取再高的费用，也不会对学员产生多大负面影响。但金朝阳偏偏不满足于只做培训，它发现了一个它自认为能让财富爆发增长的捷径：房地产投资信托基金（REITs）。根据它的形象描述："REITs"是只神奇的母鸡，不停地孵出小鸡，小鸡长大了又孵出小鸡……与之类比的是上市公司"苏宁股份"，几年里不断分红派股，股价翻了几十倍，这令大多数从未接触过金融的学员兴奋不已，再通过不断的培训强化，所谓的"REITs"就成了金朝阳发财的独门秘笈。

金朝阳内部资料介绍，其商业地产包括5家五星级酒店、10栋AA级写字楼、5个商业综合体和10栋服务式公寓和酒店式公寓，重点项目是广州新天希尔顿酒店（6.6万平方米）、铁狮子门酒店公寓（2.1万平方米）、睿东中心（8.9万平方米）、铁狮子门购物中心（4.5万平方米）、重庆国金中心（6.4万平方米）、上海国际航运中心（1.6万平方米）、北京万科大都会等。这些总资产共计97亿元，房地产公允价值是86亿元，净资产89亿元，发行REITs的数量是20亿股份，每股约4.05元，REITs已经发行400亿元。

金朝阳的所谓"REITs"存在着诸多谜团：（1）金朝阳究竟持有多少物业？金朝阳的内部资料显示，其持有重庆国金中心T3、T5塔2栋楼写字楼物业。而发展商九龙仓中国相关负责人就此回复称："九龙仓集团只出售1栋写字楼金朝阳，并不是2栋。"金朝阳内部资料还显示：金朝阳已经购买了浙江省千岛湖，其中5个岛正在开发中，未来将产生

100亿元的收入。而查询资料显示：千岛湖这5个岛屿并不存在出售信息；还有募资20多亿元的上海"8号"项目，竟然没有出现在金朝阳持有的物业名单里（有股东说这根本就是不存在的虚构项目）。（2）金朝阳究竟投入多少资金购买这些物业？（3）金朝阳所有物业究竟有多少营业收入？有多少利润？（4）一个高杠杆锁定物业，也就是说高负债的企业，又基本不经营，还高息分红，前些年每年分红高达40%—50%，那分红的钱又从何而来呢？（5）金朝阳那么多学员学费和股东的投资款究竟流向哪儿？（6）我国还没有真正意义上REITs，即使算基金化房地产信托产品，2014年全国总规模合计也只有128亿元，那金朝阳高达400亿元的自称"REITs"的物业又是什么呢？

商业地产REITs化，并非简单地持有商业地产物业就可以，更主要的是运营方的租金收入，中国商业地产的领头羊"万达商业"在香港上市市盈率只有5倍，市净率不足1倍，就很清楚的表明投资人对中国商业地产盈利能力与未来前景的不认可，而万达商业在与政府的谈判能力、团队的运作能力方面是国内首屈一指的，盈利能力也是一流的，万达商业尚且如此，再比较一下金朝阳的所谓"REITs"，金朝阳的大多数物业都不在经营，在经营的只有广州新天希尔顿大酒店、成都青城山大酒店等个别项目。而且REITs对负债率是有要求的，按照最宽松的新加坡REITs的要求，负债率也不能超过60%，但按照金朝阳的高杠杆的"挖金"模式（即如果价格上涨，就想办法把上涨部分从银行里套现出来），"挖金"后负债率估计已经大大地超过此负债率。根据之前的分析，没有经营的项目产生不了现金流，更不要说利润了，在资本市场是没有价值的，也根本与"REITs"无关。

金朝阳所谓"REITs"的投资人主要是BCC，加入BCC必须至少交100万元的REITs款、种子金100万元、300万元的项目金等共计

500多万元，而项目金又大多数流向REITs，除此之外，金朝阳要投资任何物业，都通过这些BCC学员（股东）去募集，而募集对象主要是金朝阳的新学员和股东的亲戚朋友以及亲戚朋友的朋友，层层递推。按道理，REITs原理并不复杂，牛嘉林、麦博才都受过正规金融教育，在REITs的股东中，虽然大多缺乏正规金融教育，但也不乏财经大学教授、房地产专业教授、MBA等精英人才，他们难道真的不懂吗？

金朝阳的REITs早已停止现金分红，停止分红后股东们根本没法支付借款的利息，更不要说归还本金了。金朝阳的REITs虽然只涉及四、五千个家庭，但由于投资REITs的钱绝大多数靠融资而来，所牵涉的个人至少是这个数字的几十倍。实际上很多股东已经破产，下面略举几例：

金朝阳的活跃分子王某，最多时据说有27套房子，结果后来房子卖完、所谓的"REITs"卖完抵债，还净负债数千万，家人也曾被债主限制自由，太太已因为信用卡诈骗判刑（这是金朝阳大多数人都在做的事情，先放大人生格局，再到处"挖金"，办高额信用卡，中间难免做些假材料，如果还不了款，很可能构成犯罪），原来作为一个房产中介，赶上了房产的好时代，如果没有加入金朝阳，日子应该还算好过，现在家破人亡，自己也上银行黑名单，被各类债主逼债，到处东躲西藏。

另一REITs股东晁某，原先一个是做石油有关生意的中年妇女，曾在上海有一套房子一个商铺，净资产七、八百万元，学了金朝阳后，又花一千多万买了世茂滨江的一套豪宅，结果资金链断裂，又赶上房价低迷，降价三百万也没人接盘，她亲口说了一句堪称经典的话："金朝阳让我从富人变成穷人"，但现在穷人也当不上了，银行起诉，债主追债，已经带着全家人流亡一年多，而晁某的情况，还是全班40多个家庭中最好的（据她流亡前亲口说的）。

　　高某，一个生意失败的中年人，则是另一类人物代表，他进了金朝阳子公司后工作极其勤奋，有段时间每天就睡在办公室，到处传播财商，尽管自己没钱，但他又对"REITs"情有独钟，按道理，不进 BCC 是成不了 REITs 股东的，但他没条件创造条件也要上，要向别人"跪求"借款 500 万来买"REITs"，最后总算借到 100 万买了"REITs"，再加上开设子公司又赔进去 100 万，按照他自己的说法："白干了三年，赔了两百万。"

　　这仅仅是本人熟悉的几个 REITs 股东的情况，金朝阳的大多数 REITs 股东现在的惨不忍睹，持有 REITs 比较多的股东基本上处于银行起诉、亲友反目、债主逼债、信用破产的状况，已有好几个人走上绝路，也有一些因为银行贷款无力归还，其中又做了些假材料，被起诉判刑进了监狱，更多的在躲债的流亡路上。

　　如果说之前股东们对于 REITs 是狂热而幼稚，金朝阳发生危机后股东们的反应是软弱和一盘散沙，在自身利益受到严重侵害情况下，有些 REITs 股东宁可选择逃亡甚至自杀，也不去搞明白资金流向，作为金融人，应该很清楚，大额资金都是通过银行转账的，是有迹可循的，最后一个投资 28 亿元的上海八号项目根本不存在（也有说法是项目谈判没有成功），至少应该弄清楚"上海八号项目"具体内情和资金流向，尽可能挽回损失。当然他们中很多人可能还怀有梦想，希望金朝阳的"REITs"有一天真能像苏宁的股票一样翻个几十倍（这也是金朝阳一直鼓吹的），但股票业绩（理论上）有可能几倍甚至几十倍增长，所以股票有可能暴涨，而再好的商业地产租金价格每年增长有 10% 增长就了不起了，这两者有什么可比性呢？

　　退一步说，即使金朝阳 REITs 上市了，按照资本市场估值，以全球 REITs 平均税后净收益 7% 倒推计算，假设金朝阳所有商业地产每年税后利润总和是 7 亿元（金朝阳的大多数物业并没有在经营，应该远远不到这个利润，便于理解，按照比例计算），则金朝阳的商业地产（即所谓的 "REITs"）总价值是 100 亿元。当然，由于我国商业地产偏高估值的特殊情况，实际上有可能比这个高一些，但与四百亿的本金还是相差甚远。

综上所述，现在最切实可行的办法应该是放弃梦想、面对现实，行使股东的基本合法权利，要求金朝阳公司方面（或者牛嘉玲本人）公布资产负债的真实状况，由股东推选代表组成专门小组去每个商业地产项目实地考察，聘请有资格的会计师事务所审计所有物业，出具正式的财务报表（没有经营的物业也要摸清究竟有多少负债），然后尽快想办法将资产变现，这样操作还有可能收回部分本金，否则按照合理推断，商业地产在贬值，金朝阳一直在用高杠杆，每个月还本付息金额不会少，时间一长，最终的净资产只能归零。

在金融理财的路上，并没有馅饼，倒是处处有陷阱，善良的人们，要警惕啊！

第八章

# 亚投行——第一家由中国人主导的
# 国际性金融组织

中央新一代领导集体抓住了当前世界的主要矛盾和国内主要的经济问题，提出"一带一路"战略和设立亚洲基础设施投资银行方案。这一方案，很快得到了世界大多数国家的普遍认可。随着"一带一路"的提出，亚洲基础设施投资银行也应运而生，这是第一家由中国人主导的国际性金融组织，但中国还没有主导国际性金融组织的经验，它的发展前景如何，它与美国主导的世界银行、美日主导的亚洲开发银行等关系如何处理，它在发展过程中又会面临什么样的难题？

# 一、亚投行的成立背景

当前世界的冲突主要体现在地缘、宗教、内部政治等方面，但世界的主要问题和矛盾归根结底还是经济发展问题。由于经济发展的矛盾无法解决，最终也激化了地缘、宗教和内部等矛盾。

世界发展的矛盾主要是什么内容？主要包括两个方面：一是发达国家投资趋于饱和、资本过剩，大量资本只能通过加杠杆来获利，以发达经济体为引导的世界经济已难以为继；二是新兴市场国家工业能力弱、投资不足、资本短缺，使得经济遇到严重发展瓶颈。中国看到了这两个方面的矛盾，特别是第二个矛盾和中国当前经济发展矛盾恰好互补契合。中国当前的发展主要矛盾是资本完成初步积累及中国工业产能过剩，因此中国面临工业输出和资本输出问题。同时，由于内部发展不平衡，中国也面临着经济结构调整和产业升级等问题。

面对世界的现实问题，中国的考虑是，可将自己过剩的产能和资本向新兴市场或相对落后的国家输送，然后再通过开放市场吸引西方发达国家的资本进入中国投资。这样，中国就能成为一个聚集世界资本和分散投资的大平台。在这种格局考量下，在 2013 年中国政府提出了"一带一路"。

值得指出的是，过剩的产能并不意味着落后的产能，恰恰相反，很多过剩的产能在全世界都是比较先进和有竞争力的，如船舶制造、光伏太阳能、风电、钢铁业中高端产品硅钢等等，"过剩"主要是指相对国内有效需求不足产生的过剩。

"一带一路"最大的特点是，可通过扩大与周边国家的互联互通，来提升区域贸易自由化，打开经济发展的空间。这样一来，考虑到亚洲国家基础设施薄弱的问题，再考虑到中国工业过剩产能的问题，两者连接起来不但释放了中国的过剩产能，还能提升亚洲国家的互联互通度。这样一来，中国还可以优化外汇储备质量，将境外外汇资产逐渐由对西方发达国家的债券投资，转向对新兴市场的基础建设投资。

通过这种方式，可以减小中国产能过剩的压力，扩大中国资本输出的市场，提升中国企业的获利能力。在这种背景下，我国自然更可以张开怀抱，吸引更多资本进入中国投资。至少在一定程度上解决了发展中国家的经济发展瓶颈问题。而且，这么一来，中国经济也必然因此而有更大的吸引力，就能吸引更多国际资本进入中国投资。

因此，本质上，中国是抓住了当前世界的主要矛盾和国内主要的经济问题，提出"一带一路"战略和设立亚洲基础设施投资银行方案。这一方案，很快得到了世界大多数国家的普遍认可。

亚洲基础设施投资银行（Asian Infrastructure Investment Bank，简称"亚投行"，AIIB），正是实施"一带一路"战略的机制支撑。亚投行意向创始成员国确定为 57 个，其中域内国家 37 个、域外国家 20 个，亚投行法定资本达 1 000 亿美元。亚投行初期投资的重点领域主要包括五大方向，即能源、交通、农村发展、城市发展和物流。

截至 2015 年底，包括缅甸、新加坡、文莱、澳大利亚、中国、蒙古、奥地利、英国、新西兰、卢森堡、韩国、格鲁吉亚、荷兰、德国、挪威、巴基斯坦、约旦等在内的 17 个意向创始成员国（股份总和占比 50.1%）已批准《亚洲基础设施投资银行协定》（以下简称《协定》）并提交批准书，从而达到《协定》规定的生效条件，即至少有 10 个签署方批准且签署方初始认缴股本总额不少于总认缴股本的 50%，亚洲基础设施投资银行正式成立。

## 二、亚投行设立的内在金融逻辑

三十多年的改革开放，我国一直实行出口导向的经济发展战略，目前已拥有近四万亿美元的外汇储备，如此巨额的外汇储备，如果放在国内，容易引发通货膨胀，导致汇率波动，所以目前只能以投资美国安全性较高的债券为主，安全性虽高，但收益偏低。亚投行的设立，可以将外汇储备借给需要资金的国家，收取一定的利息，防止外汇储备贬值缩水，产生较高的收益，也有助于国内金融改革，加速实现人民币的国际化。

巨额的外汇储备，只有通过投资基础设施建设才能比较快速消化，据估计，到 2020 年，仅亚洲发展中国家基础设施投资总需求就高达 8 万亿美元，每年需要 7 000 亿美元。这将给亚洲经济带来活力，也给中国经济带来活力，这是一个不可多得的机会。而且，鉴于基础设施投资给经济带来的活力，无疑会扩大相关国家的市场需求空间。

同时，投资基础设施建设，有利于消化国内的过剩产能，国内钢铁、水泥等基建行业，既需要产业转型淘汰落后产能，也需要消化过剩产能。中国企业拥有成熟的基础设施建设的成功经验和技术，通过亚投行，在向需要基础设施建设的国家提供贷款的同时，输出经验和技术，顺带出口钢铁水泥等基建产品，消化过剩产能。

亚投行投资标的主要是亚洲的基础设施，增加的是亚洲各国互联互通的能力，提升的是自由贸易的程度。这不但会带动中国的经济增长，亚洲的其他相关国家的经济也必然会蒸蒸日上。而且，随着亚投行的贷款项目的实施，周边国家对中国的依赖会逐步加深，中国对这些国家的影响力就会越大，亚洲整体的经济发展也就会越好。

现在不少西方发达国家如英国、法国、德国等也申请加入亚投行，在西方发达国家也加入亚投行后，亚投行不但贯通了中国和亚洲国家的投资贸易联系，还通过中国贯通了亚洲国家与西方发达国家的投资贸易联系。西欧发达国家解决资本过剩和产品市场问题，不但可提升其资本利润增长率，还能给其国家的工业产品提供输出市场。如此一来，亚投行所迸发出的经济能量，会促使欧亚大陆加速融合，会促进欧亚大陆相关国家的经济增长，这又很大程度上会分化美国对欧洲国家的影响力。

## 三、亚投行与其他多边金融机构的差异和合作

目前世界上最大的多边金融机构有世界银行、亚洲开发银行等。

世界银行（World Bank）是目前最具影响力的国际性多边金融机构，1945 年 12 月 27 日在布雷顿森林会议后正式宣告成立。与国际货币基金组织一样，是联合国的直属机构。世界银行是世界银行集团的简称，由国际复兴开发银行、国际开发协会、国际金融公司、多边投资担保机构

和国际投资争端解决中心五个成员机构组成；凡是参加世界银行的国家必须首先是国际货币基金组织的会员国。世界银行总部设在美国首都华盛顿，有员工 10 000 多人，120 多个办事处分布在全世界。狭义的"世界银行"仅指国际复兴开发银行（IBRD）和国际开发协会（IDA）。按惯例，世界银行集团最高领导人由美国人担任，每一任期 5 年。

世界银行成立的初始目的是为了帮助欧洲国家和日本在二战后的重建，此外也辅助非洲、亚洲和拉丁美洲国家的经济发展。一开始世界银行的贷款主要集中于大规模的基础建设如高速公路、飞机场和发电厂等。日本和西欧国家"毕业"（达到一定的人均收入水平）后世界银行的贷款完全集中于发展中国家。随着冷战的结束，从 20 世纪 90 年代初开始世界银行也开始向东欧国家和原苏联国家提供贷款。

中国是联合国的创始国和常任理事国之一，也是世界银行的初始会员国，1980 年中国恢复世界银行的成员国地位，次年接受了世行的第一笔贷款。

世界银行的决策权自成立以来一直由发达国家控制，2010 年 4 月 25 日，世界银行通过了发达国家向发展中国家转移投票权的改革方案，这次改革使中国在世行的投票权从 2.77% 提高到 4.42%，成为世界银行第三大股东国，仅次于美国和日本。目前世行前 5 大股东国分别为美国（15.85%）、日本（6.84%）、中国（4.42%）、德国（4.00%）、法国（3.75%）和英国（3.75%）。

由此可以看出，美国是世界银行的主导国。

亚洲开发银行（简称"亚行"，Asian Development Bank—ADB）创建于 1966 年 11 月 24 日，总部设在菲律宾首都马尼拉，目前有 67 个成员，其中 48 个来自亚太地区，19 个来自其他地区。亚行是一个致力于促进亚洲及太平洋地区发展中成员经济和社会发展的区域性政府间金融开发机构。自 1999 年以来，亚行特别强调扶贫为其首要战略目标。它不是联合国直接的下属机构，但它是联合国亚洲及太平洋经济社会委员会赞助建立的机构，同联合国及其区域和专门机构有密切的联系。

中国于 1986 年 3 月 10 日加入亚行。按各国认股份额，日本和美国并列第一（15.60%），中国居第三位（6.44%），按各国投票权，日本和美国并列第一（12.78%），中国也是第三位（5.45%）。

美国和日本共同主导了亚洲开发银行，都拥有一票否决权。无论是世界银行还是亚洲银行，要获得贷款，都要在政府透明度等方面通过考核，还有环保、雇佣、招投标等方面的多种要求。世行、亚行发放一个贷款，从开始申报到最后贷款落地，短的是一两年，长的七八年都有。不但耗费大量人力、物力、财力，更有可能延误时机。除了条件苛刻、效率不高之外，更大的问题还是这些金融机构根本无法满足世界各国日益增长的贷款需求。

亚投行从其成员国的规模看，已经是一家全球性的多边金融机构。虽然中国是最大的股东，但是中国政府已经表态，并不寻求在亚投行的一票否决权，而且也多次明确表示亚投行在提供基础设施投资融资上是对现有国际多边开发金融机构的补充，并不想另搞一套与现存机构对着干。这就使亚投行在很多基本原则上会与世界银行、亚洲开发银行等现存的国际金融机构相一致，也正是在这些方面，世界银行与亚洲开发银行表示会与亚投行进行合作。尽管如此，亚投行目前已经显示出与其他国际开发机构的差别，而这些差别对于美国主导的国际金融体系改革具有十分重要的意义，对于中国参与全球金融治理也具有重要的影响。

首先，中国作为最大的股东放弃在亚投行的否决权，使亚投行决策机制更加民主。迄今为止，所有的国际金融机构的最大出资国都拥有在该机构决策上的否决权，美国在世界银行，美国和日本在亚洲开发银行都享有一票否决权。中国不寻求一票否决权是对于先行国际秩序改革的重要贡献，是中国作为一个新型崛起大国的一种风范，也是中国一贯强调的国家不论大小一律平等原则的具体体现。

其二，中国提出的亚投行要办成精干（lean）、廉洁（clean）和绿色（green）的银行，与所有现行多变国际金融机构不同，亚投行不在总部设立常设的董事会，这样可以节省大量的人力物力，将省下的资金用于投资和贷款，使亚洲发展中国家获益。我国的这一设想得到了国际社会的广泛认可。

第三，中国目前建议亚投行项目投资和贷款兴建的基础设施项目工程以及设备供应采用全球公开招标，不只限于亚投行成员国。这也与目前世界银行和亚洲开发银行的招标原则不一样，后者只对其成员国企业开放。这种招标方式将使得亚投行的招标更加公开透明，竞争面更宽，相应的效率将会更高。

2008 年始爆发于美国随后席卷世界的全球金融危机本身说明过度金融化会带来全球性危机，如何使用全球海量资金关系到全球经济的稳定。欧美多次量化宽松并将利率下降接近于零甚至负利率，但资金依然在金融领域"空转"，这一点足见经济改革之难。同时，大规模基础设施投资在中国有成功的运作经验，而主流的经济学依然是以发达经济体的经验为基础，这些国家大规模的基础设施建设已经完成。现在，基础设施投资越来越引起人们的关注。更为重要的是，中国经济经历了国际金融危机的洗礼，表现出超乎意料的韧性，中国经济增长经验的对外投射能力越来越强，而高铁等基础设施出口又成为中国本届政府的重要工作内容。

由于地缘政治和历史原因，美国和日本对于中国主导的亚投行持矛盾的态度，但总体上来说，美国主导的世界银行和美日共同主导的亚行都希望在业务上与亚投行合作。

2014 年 5 月 2 日，亚洲开发银行行长中尾武彦公开表示："亚洲开发银行自身贷款能力有限，如果亚洲基础设施投资银行建立起来，我们非常愿意与其展开合作。"对亚投行的成立持欢迎姿态。2015 年 3 月 23 日，美国总统奥巴马提议亚投行与美国主导的世界银行等金融机构建立合作关系。2015 年 3 月 30 日，来华访问的美国总统特别代表、财政部长雅各布·卢也表示，美方期待在促进基础设施发展方面同亚投行合作。2015 年 4 月 7 日，世界银行行长金墉表示，对世行而言，亚投行是其合作实现全球减贫目标的"潜在强大合作伙伴"。他准备与中国合作，以确保中国主导的亚洲基础设施投资银行能符合环境、劳工和采购等方面的高标准。2015 年 4 月 14 日，美国常务副国务卿布林肯在华盛顿表示，美国"非常支持"对亚洲基础设施进行更多的投资，美方对亚投行的成立并不反对。正在中国访问的美国商务部长佩尼·普里兹克表示，美国欢迎亚投行，但希望看到更多的运作规则，亚投行不应改变国际标准。

亚投行与世界银行及亚行的合作，释放了"合作共赢"的信号。这验证了一种观点：亚投行是对现有国际金融体系的有益补充而非替代。正如习近平主席在亚投行开业仪式上的致辞所言："亚投行正式成立并开业，对全球经济治理体系改革完善具有重大意义，顺应了世界经济格局调整演变的趋势，有助于推动全球经济治理体系朝着更加公正合理有效的方向发展。"

## 四、亚投行与"一带一路"战略

"一带一路"是"丝绸之路经济带"和"21 世纪海上丝绸之路"的简称。"一带一路"的英文为"One Belt and One Road"，英文缩写是

OBAOR 或 OBOR。

2013 年 9 月 7 日，习近平在哈萨克斯坦纳扎尔巴耶夫大学发表重要演讲，首次提出了加强政策沟通、道路联通、贸易畅通、货币流通、民心相通，共同建设"丝绸之路经济带"的战略倡议；2013 年 10 月 3 日，习近平主席在印度尼西亚国会发表重要演讲时明确提出，中国致力于加强同东盟国家的互联互通建设，愿同东盟国家发展好海洋合作伙伴关系，共同建设"21 世纪海上丝绸之路"。

"一带一路"打破原有点状、块状的区域发展模式。无论是早期的经济特区、还是去年成立的自贸区，都是以单一区域为发展突破口。"一带一路"彻底改变之前点状、块状的发展格局，横向看贯穿中国东部、中部和西部，纵向看连接主要沿海港口城市，并且不断向中亚、东盟延伸。这将改变中国区域发展版图，更多强调省区之间的互联互通，产业承接与转移，有利于我国加快我国经济转型升级。

所以，有人把"一带一路"战略和引导美国战后复兴的马歇尔计划进行类比，把"一带一路"称为"中国版的马歇尔计划"。

"一带一路"和亚投行的出现是与世界经济重心的转移相适应的。布雷顿森林体系解体以来，世界经济危机周期性发生，根源在于美元作为国际储备货币却不相应承担汇率稳定的责任。本次国际金融危机的影响仍未彻底消除，世界陷于经济低速增长之中，欧洲深陷经济衰退，新兴国家经济发展步履蹒跚，世界强烈需要改革现有国际经济秩序。与此同时，世界经济重心已经转移到亚洲，但是亚洲的过剩储蓄却在现行国际金融体系的引导下源源不断流入美国，同时由于缺乏储蓄转换为投资的投融资机制，亚洲基础设施建设资金极度匮乏。中国发出的"一带一路"倡议和成立亚投行的设想，正是顺应了世界经济重心转移和发展的潮流，赢得了广泛欢迎。

　　"一带一路"主要在中国的周边国家、延伸大陆带及相关海域进行了战略性布局，可以促进中国与周边国家的区域经济一体化的发展，同时也是对国际合作及全球治理新模式的积极探索，将会对以发达国家为主导的传统国际经济秩序形成制衡，可能改变世界经济的现有格局。而亚投行作为一个跨越亚洲、欧洲、拉丁美洲的国际性多边金融机构，无疑会对第二次世界大战后形成的以美元为主导的国际金融体系形成冲击，以中国为代表的发展中国家可能成为国际金融体系中的重要一极。

　　基础设施建设是亚投行和"一带一路"最大的交汇点。"一带一路"是世界上最大的基础设施投资区域，目前沿线国家基础设施落后，急需投资建设涵盖铁路、公路、航空、水运等的立体式交通走廊，打通包括油气、水电、煤电、太阳能、风能等能源大动脉，构建涉及电信、宽带、互联网等的信息一体化网络。亚投行作为多边开放性金融机构，主要投向基础设施建设，因此"一带一路"沿线必然成为其重点投资区域。

　　亚投行资金和"一带一路"项目的对接。一是亚投行作为"一带一路"的投融资平台，可以解决亚洲区域的资源错配问题，实现其储蓄和投资的有效配置，并在全球进行融资和投资，支持亚洲和世界其他区域的基础设施发展，这也将改善"一带一路"沿线国家的投资环境预期。二是"一带一路"沿线国家和地区有海量项目，大多数靠自己无法完成，需要引进外部资金。而亚投行的资金需要寻找项目，因而可以优先在"一带一路"的项目中按照市场需求筛选。"一带一路"已经启动了一批重大合作项目，例如，率先启动的中巴经济走廊被称为"一带一路"的枢纽，这将使巴基斯坦成为这一地区的港口和贸易中心，促进巴基斯坦经济振兴，并有利于我国的向西开放战略实施。目前被誉为连接南亚和东亚的孟中印缅经济走廊也在积极研讨建设之中。亚投行还将围绕"一带一路"基础设施建设项目进行投资，建设一批产业园区，打造分工协作、共同受益的产业链和经济带。三是我国的对外直接投资过去以央企为主，但在"一带一路"建设中，民营企业将成为主力军。近年来中国民营经济占 GDP 总量超过 60%，其固定资产投资占全社会固定资产投资的比重也超过 60%，在对外投资中必将成为主要力量。因此国家要通过亚投行和丝路基金给予民营企业大力支持，鼓励其参加"一带一路"建设。可以预计，未来二十年将是中国民营企业转变为跨国企业的黄金时期……

总之，亚投行的建立使中国构想的"一带一路"有了实在的融资支撑，它将成为亚洲区域合作的强大引擎，为亚洲国家的全面崛起贡献力量。

# 五、亚投行的发展面临的问题

据测算，到 2020 年，亚洲发展中国家基础设施投资总需求高达 8 万亿美元，年平均投资需求约为 7 000 多亿美元，而现有多边开发银行在亚洲基础设施领域的年度投资规模仅约为 100 亿至 200 亿美元。在这种情况下，通过设立亚投行，动员更多资金，支持域内基础设施建设和互联互通，将为亚洲经济增长注入长久动力，也有利于形成周边国家与中国经济的良性互动。

与此同时，亚投行还服务于南南合作和南北合作。亚投行为数众多的成员国，遍及亚洲、大洋洲、欧洲、非洲、南美五大洲，其中包括英、德、法等发达国家。亚投行以发展中成员国为主体，同时包括大量发达成员国，这一独特优势使其有可能成为推进南南合作和南北合作的桥梁和纽带，推动世界实现均衡发展。

亚投行面临的最大挑战是后续运营的经济效益。亚投行的设立，有政治上的考量因素，但在商言商，作为一家开发性金融机构，必须有合理的回报（虽然不需要追求很高的收益率），才能够持续健康运行。但中国还没有运行国际性多边金融机构的经验，这无疑对亚投行提出了几个挑战：第一，项目的识别和风险管理能力。亚投行需要投入的项目是商业银行不愿意去做、效益不高的支持基础设施建设的项目；第二，降低运营成本、提升运营效率的能力。通常，多边金融机构发放贷款的周期明显长于商业金融机构，因为跨文化的冲突，内部的官僚主义，它的运营效率不会很高，这一过程中，运营效率大幅下降。如何能降低成本，提升运营效率，将是亚投行需要去解决的问题。如果亚投行在这方面做得好，还会对现有全球多边金融机构的治理和运营提供一个好的示范。第三，加入亚投行的亚洲国家以发展中国家居多，如巴基斯坦、缅甸、蒙古、格鲁吉亚、孟加拉国等成员国，有些国家不仅经济比较落后，而且政局有时也不太稳定。如何处理政治社会效益与经济效益的平衡，是摆在亚投行面前的最大难题。

# 第九章

# 新三板——中国版的纳斯达克？

新三板是这两年资本市场最火的话题，是资本市场最大的金融制度创新，上海、深圳证券交易所成立二十多年来，总共只有 2 949 家企业上市，而新三板扩容 2 年半来，已经超过 7 000 家企业挂牌（截至 2016 年 6 月 30 日）。这是一个接地气的、真正有可能服务于中小企业的交易市场，但目前新三板也存在成交量小、融资功能差、交易不活跃等一系列问题，未来新三板能解决这些问题吗？未来新三板能像纳斯达克那样孵化出像苹果、亚马逊等巨型高科技企业吗？新三板能成为中国版的纳斯达克吗？

# 一、新三板是中国多层次资本市场的重要组成部分

## （一）发展历程

1990 年 12 月，上海、深圳两个证券交易所相继成立，2004 年，深圳证券交易所内设立了中小板（规模较小的主板），2009 年，深圳证券交易所又设立了创业板（二板），到 2016 年 6 月 30 日为止，共有 1 637 家在沪、深主板上市（含 B 股 102 家），795 家在深交所中小板上市，517 家在深交所创业板上市，共计有 2 949 家上市公司。

新三板是"全国中小企业股份转让系统"的简称（NEEQ，业内有时也叫"北京证券交易所"），具有以下特征：国务院批准设立的第三家全国性证券交易场所；监管部门是中国证监会；运管机构为全国中小企业股份转让系统有限责任公司。

新三板成立于 2006 年，起初是为在北京中关村科技园区注册的以科技类为主的非上市股份有限公司提供一个交易平台，因挂牌企业均为高科技企业而区别于原转让系统内的退市公司及原 STAQ、NET 系统挂牌

公司（"老三板"），故形象地称为"新三板"。

2012 年 9 月 20 日，经国务院批准，全国中小企业股份转让系统有限责任公司在国家工商总局注册成立，注册资本 30 亿元，负责运营全国中小企业股份转让系统。上海证券交易所、深圳证券交易所、中国证券登记结算有限责任公司、上海期货交易所、中国金融期货交易所、郑州商品交易所、大连商品交易所为该公司股东单位。

同年，国务院批准扩大非上市股份公司股份转让试点（即新三板），首批扩大试点新增上海张江高新技术产业开发区、武汉东湖新技术产业开发区和天津滨海高新区。2013 年底，新三板方案突破试点国家高新区限制，扩容至所有符合新三板条件的企业。

## （二）多层次的资本市场

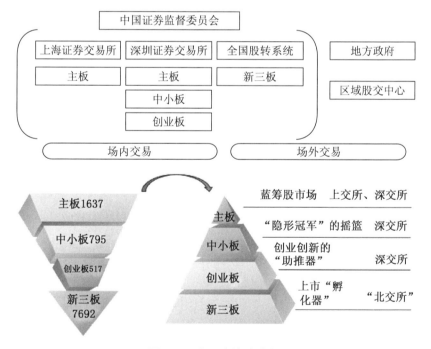

图 9.1　多层次资本市场

正常的多层次的资本市场应该是个金字塔形，即越上面板块的要求越高，上市公司数量也越少，越下面的要求越低，上市公司数量多。但中国的多层次资本市场却是金字塔形的，即最上层的主板上市公司比下一层的中小板上市公司多，中小板的上市公司比创业板多，当然，现在新三板的挂牌公司最多，所以是一个不太标准的倒金字塔形。

三板市场除了新三板，还有以上海股权托管交易中心、天津股权交易所和前海股权交易中心为代表的区域性股权交易市场和各地方性股权交易市场如浙江股权交易中心等等，都是为地区性的小微企业、非公众公司设立的非标准化产品及非连续交易的场所。上海股权托管交易中心、前海股权交易中心由于地处上海、深圳这两个金融中心，有一定的融资功能，其他各省市的股权交易中心的融资交易功能远远不如新三板，均不在此讨论。

自扩容以来，新三板发展神速，目前已经有 7 692 多家公司在新三板挂牌，但对于有数千万家企业的经济发展大国来说，这样的速度也远远不能满足民营企业对直接融资的要求。

之所以新三板叫“挂牌”，而主板、中小板、创业板叫“上市”，是证券监管部门为了场外交易和场内交易有所区分，其实在国际上都用“list”这同一个词。

目前，新三板的净壳价格都超过 2 000 万元，也从侧面反映了这种紧缺状况。

新三板虽然 2006 年就成立了，但直到 2013 年 12 月扩容前，是一个非常狭隘的区域性小市场，实际上真正的新三板应该从 2013 年底开始，许多业务规则也是从那时候才开始制定的，所以从那时起才成为一个全国性的资本交易市场。

不同市场对上市（挂牌）公司的要求比较参见表 9.1。

表9.1 不同板块对上市（挂牌）公司要求比较

| 类　别 | 新三板 | 创业板 | 中小板 |
| --- | --- | --- | --- |
| 主体资格 | 股份公司 | 股份公司 | 股份公司 |
| 持续经营 | 2 年 | 3 年 | 3 年 |
| 盈利要求 | 无硬性财务指标要求 | 最近两年盈利：两年净利润累计不少于 1 000 万元。最近一年盈利：净利润不少于 500 万元，最近一年营业收入不少于 5 000 万元，最近两年营业收入增长率不低于 30%。 | 最近 3 个会计年度净利润为正且累计超过 3 000 万元；最近 3 个会计年度经营活动现金流量累计超过 5 000 万元；或最近 3 个会计年度营业收入超过 3 亿元；最近一期末无形资产占净资产的比例不高于 20%；最近一期末不存在未弥补亏损。 |
| 股本要求 | 无 | 最近一期末净资产不少于 2 000 万元，发行后股本总额不少于 3 000 万元 | 发行前股本总额不少于 3 000 万元 |
| 持续盈利能力 | 具有持续经营能力即可 | 要求 | 要求 |
| 重大变化 | 最近两年管理层、主营业务、控制人可以变更，证明对公司有利 | 最近两年管理层、主营业务、控制人不得变更 | 最近三年管理层、主营业务、控制人不得变更 |

　　当然这只是表面上的要求，如果只需按照这个要求，那就不一定需要新三板了。

　　事实上现在的创业板原则上申报材料最近一个会计年度的净利润原则上不低于 3 000 万元（中小板不低于 5 000 万元），否则没有证券公司愿意推荐上市。实际上的高门槛早已形成，而这要求对于数千万家中小微企业是望尘莫及的。有三千万净利润的企业还能叫创业板吗？

应该称为"创业成功板"，所以创业板（二板）已变成另一个主板，事实上中国创业板对利润的要求已经远远超过澳洲等多个国家的主板上市要求。

新三板挂牌企业的准入条件比较宽松：不设财务指标；不受股东所有制性质限制，不限于高新技术企业；允许存在未行权完毕的股权激励计划；强调信息披露，不作实质性判断，交由市场和投资者自主判断；取消地方政府确认函要求；豁免做市商挂牌前受让的控股股东、实际控制人股票的限售要求，以解决做市初始股票来源问题；股东人数超过200的股份有限公司经证监会确认后可以申请挂牌。

同时，与IPO不同，新三板实行的是注册制，和投资者适当性制度，因为新三板旨在培育机构投资者，对于新三板投资人的开户，设置了非常严格的条件：

## （一）个人投资人

1. 需要2年以上证券投资经验（以投资者本人名下账户在全国中小企业股份转让系统、上海证券交易所或深圳证券交易所发生首笔股票交易之日为投资经验的起算时点），或者具有会计、金融、投资、财经等相关专业背景。

2. 投资者本人名下前一交易日日终证券类资产市值在500万元人民币以上。证券类资产包括客户交易结算资金、股票、基金、债券、券商集合理财产品等，信用证券账户资产除外。

## （二）机构投资人

1. 注册资本500万元以上的法人机构；

2. 实缴出资总额500万元以上的合伙企业。

而沪深证券交易所都没有开户资金的限制，因此交易活跃，而开户门槛高就决定了新三板活跃度很低。

从交易量来看，A股的每天成交额至少4 000亿—5 000亿元，而新三板最多只有20亿—30亿元，尽管挂牌（上市）家数超过了沪、深交易所上市家数的总和的两倍多，但成交量连A股的百分之一都不到，从投资人数量来看，新三板机构投资者和个人投资者共计只有22万户，而主板、中小板、创业板的投资人数则早已超过一亿，从总市值来看，新三板总市值只有3万亿元，而A股总市值超过100万亿元，都是天差地别。

而新三板的交易方式主要有以下两种，外加一种预计很快会推出：

（1）协议转让。协议转让的流动性较差，一半以上的新三板挂牌公司至今没有任何成交。实际上不在新三板挂牌的公司股份也是协议转让的。

（2）做市转让。做市商一般采取定向增发方式从做市公司处获得股份，也可从原股东那儿协议转让，然后当投资者需要买卖股票时，投资者间不直接成交，而是通过做市商作为对手方，只要是在报价区间就有成交义务。因此做市商为新三板提供了流动性，股权相比协议转让来说流动性更好。新三板的做市商现在只能是券商，券商的专业度比较高，只做有潜在价值的挂牌企业，往往对做市公司有业绩增长等方面的要求。

（3）竞价交易。2016年5月27日，全国中小企业股份转让系统有限责任公司制定了《全国中小企业股份转让系统挂牌公司分层管理办法(试行)》，按照这个办法的要求，截至2016年6月30日，有953家企业进入了创新层。这些企业可以和主板、创业板市场使用一样的竞价交易方式，除了一些诸如投资者准入之类的门槛，大体上将会和IPO（主板、中小板和创业板）市场差不多，门槛会相比上两种更为宽松一些。

2015年，新三板市场总共发布了3 800多次定增预案，共有1 887家企业实现了成功融资，累计融资金额达1 216.17亿元。这一金额已经接近2015年全年的IPO上市公司融资总额的1 500亿元，可以说，新三板事实上让不少中小企业体会到了挂牌的好处。

# 二、纳斯达克证券市场发展史

相对于成立于 1792 年的纽约证券交易所（NYSE），纳斯达克非常年轻，他成立于 1971 年。在纳斯达克创立以前，美国便有许多场外交易证券市场（OTC），市场规模遥居全球之冠，除债券外，至少有超过 5 万只股票在 OTC 市场交易。

但当时的 OTC 市场支离破碎、混乱不堪，市场分割问题严重。为了提高场外市场的交易效率，降低交易成本，美国证监会决定摒弃落后的电话联系系统，而采用当时已经出现的电子计算机和现代通讯技术，将分散在各 OTC 市场的股票纳入统一的电子交易系统中，并接受"全美证券交易商协会"（NASD）的统一管理。这个电子交易系统就是众所周知的纳斯达克（"全美证券商协会自动报价系统"的简称，英文缩写 NASDQ），它从 1971 年开始运行。纳斯达克顺延以往 OTC 市场中的做市商制度。

全美证券交易商协会把 500 多个做市商的交易终端和位于康涅狄格州的数据中心连接起来，形成一个数据交换网络，并从 OTC 股票市场挑选出 2 500 多家规模、业绩和成长性都名列前茅的股票，规定做市商把这些精选出的股票报价列示于该系统，供投资者参考。此时，纳斯达克并没有交易功能，只是单纯提供报价功能。

1975 年，纳斯达克提出了自己的挂牌标准，只有在纳斯达克上市的股票才能在该系统报价，至此，纳斯达克彻底割断了与其他 OTC 股票的联系，成为一个完全独立的上市场所。此时的挂牌标准非常低，且不对盈利做出要求，总资产达到 200 万美元即可挂牌。这解决了一大批中小高科技企业的融资需求。后来形成思维定势以及群聚效应，许多高科技企业选择在纳斯达克上市。

从 1975 年到 1996 年的 20 年间，纳斯达克市场从一个交易量为纽交所的 30%、成交额为纽交所的 17% 的无足轻重的柜台市场迅速发展成为交易额接近纽交所且交易量超过纽交所的重要市场；1996 年，纳斯达克市场的资金周转率（交易额 / 市值）为 218.4%，而纽交所仅为 59.4%。

随着知识经济的兴起、风险资本产业的迅速发展，纳斯达克市场发展迅速，并且孵化出大批高市值的巨头级别公司，分层制度应运而生，旨在筛选出纳斯达克中的优质公司。

1982 年，纳斯达克根据股票市值大小、交易活跃度从原来上市公司中进一步筛选出优质公司，转入新创的有更高上市标准的纳斯达克全国市场，形成了纳斯达克全国市场和小资本市场双层体系。两者只以财务状况划分，管理标准完全一致。

表 9.2　纳斯达克常规市场与全国市场比较

| 财务及质量要求 | 常规市场 | 全国市场（强制指标） |
|---|---|---|
| 总资产 | 200 万美元 | |
| 净有形资产（nettang bleassets） | | 200 万美元 |
| 股本及资本公积（capital & surplus） | 100 万美元 | 100 万美元 |
| 流动性要求 | | |
| 公众持股数（Publicly held shares） | 100 万股 | 50 万 |
| 股东数（round btholders） | 300 | 300 |
| 做市商（Market makers） | 2 | 4 |
| 最低股价（minimum bid price） | | 10 美元 |
| 平均交易量（average trading volume） | | 80 万（月均） |
| 公众持股市值（Publicly held shares） | | 500 万美元 |

资料来源：SEC，Release No.34-20902。

2006 年 2 月，纳斯达克正式取得交易所牌照，从场外市场变为交易所；2006 年 7 月，纳斯达克又通过引入更高的上市标准，成立了纳斯达克全球精选市场，将纳斯达克市场内满足新标准的 1 187 家公司转移到全球精选市场挂牌。纳斯达克全球精选市场的上市标准综合来看是世界最高的，主要用来吸引大盘蓝筹企业和其他两个层次中已经发展起来的企业，同时纳斯达克全国市场更名为纳斯达克全球市场。

2009 年，纳斯达克内部由原来的两层（纳斯达克全国资本市场和小型资本市场）分为三层：纳斯达克全球精选市场、纳斯达克全球市场（由国际化公司构成）、纳斯达克资本市场（由新兴和成长型公司构成）。上市标准越来越高：设定高额的权益指标；由对净有形资产指标变为股东权益指标；最低每股价格由 4 美元变为 5 美元；设定较高的最低持股 100 股以上股东人数要求。

美国的资本市场属于最为成熟的正金字塔型结构。顶层为纽约证券交易所（NYSE），上市公司 3 200 多家，主要为大中型企业。美国创业板市场（二板市场）以纳斯达克为代表，也是从 OTC 市场演变而来的，上市公司约 7 000 家，内部划分为了纳斯达克全球精选市场、纳斯达克全球市场和纳斯达克资本市场。美国 OTC 市场以公告板市场（OTCBB）和粉单市场（Pink Sheet，现名为 OTC Link）为代表，挂牌数量达到 12 000 家以上。

纳斯达克主要服务于科技型、创新型企业，具有上市要求较低、机制灵活的特点，已成功吸引众多著名的高科技企业上市融资，是高科技板的代名词。

灵活宽松的上市制度，加上内部分层治理锻造了纳斯达克超强的竞争力，成为创新公司的孵化器，一举超过纽交所成为全球最大的证券交易所。

# 三、我国新三板市场与美国纳斯达克的比较分析

从名字就可以看出，老三板之一的 SDAQ 系统就希望成为中国的纳斯达克，可惜生不逢时，早已经沦落到令人遗忘的地步。

纳斯达克是美国的二板市场，而新三板属于三板市场，因为中国的二板（创业板）事实上已经成为另一个主板，新三板更像中国的二板市场。所以，新三板与纳斯达克是有可比较性的：

## （一）虽然中美两国政治、经济体制不同，经济发展程度不同，但新三板和纳斯达克均承担了经济转型、产业升级的重任

从中美两国的体制来分析，中国长期以来是中央集权国家，重农抑商，工商业不发达，1949 年以后又实行计划经济制度，直到 1979 年改革开放后民营企业才逐步发展起来。而美国一直实行市场经济制度，同时又是小政府、大社会，鼓励私人经济发展，鼓励创新，所以资本市场的发展不可避免地打上了体制的烙印。

按道理，资本市场是市场经济高度发展的必然结果，但我国的资本市场建立和发展，是在市场经济并不发达的情况下，经由政府强有力的手推动。以 1990 年 12 月成立的上海、深圳证券交易所为例，甚至当时都还不认为我国实行的是市场经济制度，认为我国实行的是"有计划的商品经济"，直到 1992 年十四届全国人民代表大会上才正式提出建立社会主义市场经济体制。但为了打破西方国家对我国的封锁，向世界表明我国继续改革开放的决心，成立了上海和深圳证券交易所。

正因为沪深证券交易所成立的政治意义大于经济意义，同时当时又

处于改革的攻坚阶段，所以一开始交易所主要为国企解困服务，而不是各类投资者平等交易的场所，导致一大批不符合上市要求的国有企业上市融资，而且由于监管部门缺乏资本市场的管理能力，造成之后的一系列问题（如"3·27"国债事件等），这些先天不足有些一直影响到今天的股市。

经过三十多年的改革开放，民营企业取得了巨大发展，民营企业已经在国民经济中起到了举足轻重的作用，创造了约60%的GDP，解决的就业人口的超过1/3，但民营企业融资非常难，中国企业融资主要以银行贷款为主，民营企业的贷款只占银行贷款总额的20%（而国有企业占贷款总额的80%），与其在国民经济中的地位完全不匹配。

虽然新三板的扩容也是政府有形之手在推动，但也是经济发展的迫切要求，这是一个真正接地气的资本市场。

美国的纳斯达克市场，完全是顺应二战后美国高科技企业的迅猛发展的要求而产生的资本交易市场，定位于服务科技型、创新型、敢于挑战传统商业模式的企业，从事后的角度看，微软、苹果、雅虎、亚马逊、思科等巨无霸企业都是在纳斯达克市场从很小规模发展起来的，这也可以证明它是一个成功的市场，用实际行动诠释美国梦。

新三板定位于新兴业态的、新商业模式的中小企业。中国是世界第二大经济体，制造业产值已超越美国成为世界第一，而正在进行的波及13亿人的城镇化、工业化和信息化进程所释放的市场潜力已令世界惊叹。目前来看，虽然增速下降，但仍处于持续增长阶段。我国城镇化率刚过50%（发达国家70%），在新城镇建设等因素驱动下，农村人口仍将持续向城市人口转换；战略新兴产业方兴未艾，新技术、新能源、新经济、新农业等领域都蕴藏着大量的商业机会。我国中小型创新企业有着广阔的发展空间，从资本市场来看，新三板最有可能成为它们的融资渠道。

当然，纳斯达克发展已经有四十多年，已经证明是个成功的市场，世界上成功的创业板市场很少，纳斯达克是其中的典型代表，以色列、印度的创业板也发展得不错，但大多数国家的创业板已经沦为垃圾股市场，新三板借鉴了许多纳斯达克的做法，但毕竟刚开始两年多，未来发展前景还不明朗。

## （二）从上市财务指标要求来看，都比较低，利于上市

纳斯达克上市要求非常宽松、灵活。起初只要总资产达到200万美元即可挂牌，盈利性、资产规模、市值等指标要求显著低于纽交所的上市要求。经过20多年发展之后，才实行分层制度，满足不同类型和规模公司的上市和交易需求。目前纳斯达克内部分为三层：纳斯达克全球精选市场、纳斯达克全球市场（由国际化公司构成）、纳斯达克资本市场（由新兴和成长型公司构成）。全球精选市场要求最高，资本市场要求最低，三者可以在内部互相转板。

新三板也没有硬性的利润要求。但是除利润指标这一项之外对于规范性审核非常严格，接近主板和创业板。实际上证券公司对于实体企业上新三板也大多都有明确的利润要求，如国信证券原则上只推荐有可能转板的企业上新三板，长城证券要求申报企业最近一年净利润超过500万元，等等。

中国的资本市场发展时间很短，三十年改革开放造就了一大批优秀企业，而且融资渠道又狭窄，即使按照新三板每年挂牌2 000—3 000家的发展速度，也远远满足不了这些企业的融资上市要求。

美国的公司和个人的征信体系发达，违约成本高，因此审查速度快，所以，纳斯达克的上市要求是真正的宽松。

中国还没有建立全国性的信用征信体系，违约成本低，同时企业综合税负高，民营企业大多有几份财务报表，存在账务混乱、收入不入账、不开发票和逃税等问题，因此审核的要求也高，工作量也大。所以导致申请新三板挂牌企业也需要排队。

## （三）审核方式都实行注册制

新三板借鉴纳斯达克采用注册制，跨越了主板市场从审批制、核准制的发展历程，这将大大降低企业的交易成本，提高效率。企业申请一旦受理即进入审核程序，没有任何前端管控。如纳斯达克一样，股转系统只进行形式审核，强调信息的充分披露，不对盈利能力进行实质性核查，让市场对其进行自然筛选。这为更多的创新型、新商业模式企业注入了资本市场的力量，提高了挂牌的效率，降低了交易成本。

## （四）组织架构都是公司制

新三板在组织架构上借鉴纳斯达克，采用公司制的形式。不同于国内上交所、深交所采用的会员制组织形式，有所突破。

目前，世界范围内交易所的组成形式主要有两种，一种是会员制，一种是公司制。其中绝大部分交易所进行了私有化，采用公司制。纳斯达克的母公司 NASDAQ-OMX 和纽交所甚至还是上市公司，而国内上交所和深交所则采用会员制。

公司制相对于会员制更有竞争优势，公司制经营权和所有权相分离，产权清晰，激励制度明晰有效，能显著提升管理效率，提高服务质量与意识，更能适应激烈的竞争环境。大型交易所由会员制转为公司制已成为近年全球交易所发展的一个趋势。新三板顺势而为，突破主板市场采用的会员制，设立全国中小企业股份转让系统有限责任公司运作新三板，将大大提高管理效率和服务效果，提升市场活力。未来，新三板将成为主板市场的有力竞争者，大量未挂牌优质企业选择在三板上市，已挂牌新三板的优质企业继续在新三板交易，而不是转板。

### （五）新三板和纳斯达克上市公司的结构类似

新三板与纳斯达克看重的都是企业的未来发展，并且都是资本与技术的联姻。如果说纳斯达克承载的是美国梦的话，那新三板是实现"大众创业、万众创新"的资本市场主战场，两个市场的结构差异主要是由于美国第三产业发达，而我国尚处于工业化进程，第二产业发达。排除此差异，两者行业市值排名几乎一致。信息技术同为两个市场市值最大的行业，医疗保健、可选消费、日常消费、金融四大行业比重较高，电信服务与公用事业行业比重均较低。

### （六）从发展趋势比较：纳斯达克由发展初期重流动性转向现在重视降低交易成本，而新三板目前的目标还是提高流动性

由于 OTC 标准低，股票流动性相对较差，纳斯达克在设立之初就沿袭了场外市场的做市商制度，以解决流动性问题。

随着市场规模的扩大，流动性的提高，纳斯达克的交易制度便逐渐淡化了其维持流动性的功能，转而通过降低交易成本以进一步扩大其市场规模。出台新的委托处理规则（OHR）解决做市商"友好竞争"、维持较大价差的问题。交易制度从"报价驱动型"转变为"指令驱动型"，上线超级蒙太奇系统提高市场效率，降低交易成本。

由于发展程度不同，新三板目前的主要问题是流动性差，成交量小，交易不活跃。在目前已经挂牌的 7 692 家企业中，有一半以上是没有任何交易的，只有 1/4 挂牌企业比较活跃，因此当务之急是提高流

动性。

2016 年 5 月 27 日，全国中小企业股份转让系统有限责任公司在前期《挂牌公司分层方案（征求意见稿）》基础上，制定了《全国中小企业股份转让系统挂牌公司分层管理办法（试行）》。

《分层管理办法》总共 4 章 19 条，包括总则、分层标准和维持标准、层级划分和调整、附则等。主要内容如下：

一是明确了创新层的准入标准。设置了三套并行标准。（1）最近两年连续盈利，且年平均净利润不少于 2 000 万元（以扣除非经常性损益前后孰低者为计算依据）；最近两年加权平均净资产收益率平均不低于 10%（以扣除非经常性损益前后孰低者为计算依据）；（2）最近两年营业收入连续增长，且年均复合增长率不低于 50%；最近两年营业收入平均不低于 4 000 万元；股本不少于 2 000 万股；（3）最近有成交的 60 个做市转让日的平均市值不少于 6 亿元，最近一年年末股东权益不少于 5 000 万元，做市商家数不少于 6 家，合格投资者不少于 50 人。

标准 1 侧重于挂牌公司的盈利要求，以满足盈利能力较强、相对成熟挂牌公司的分层需求；标准 2 侧重于挂牌公司的成长性要求，以满足处于初创期、高速成长的中小企业的分层需求；标准 3 侧重于挂牌公司的做市市值要求，以满足商业模式新颖、创新创业型企业的分层需求。除了上述三套差异化准入标准，进入创新层的挂牌公司还需满足公司治理、合法合规性以及交易或者融资要求。

二是就申请挂牌公司进入创新层设置了准入标准。申请挂牌公司进入创新层的标准与已挂牌公司进入创新层的三套标准基本一致。但考虑申请挂牌公司尚未经过挂牌后的规范化运作和持续监管，尚未公开交易和分散股权，也没有做市交易市值，因此，《分层管理办法》就申请挂牌公司进入创新层的标准作了适当调整。

三是就创新层设置了维持标准。为保证市场分层的动态管理,《分层管理办法》就创新层挂牌公司设置了维持标准。层级调整时,创新层挂牌公司如果不能满足三套维持标准之一的,将被调整到基础层。

四是明确了挂牌公司的层级划分和调整机制。《分层管理办法》规定挂牌公司每年进行一次层级调整,未来可视市场需要逐步提高或降低层级调整的频率。层级调整时,挂牌公司可以就分层结果提出异议或者自愿放弃进入创新层。此外,为防止部分挂牌公司通过虚假信息披露、市场操纵等不合规手段进入创新层,《分层管理办法》还规定了强制调整的情形。

市场分层的主要目的是更好地满足中小微企业的差异化需求,同时有效降低投资者的信息收集成本。市场分层不是将挂牌公司简单地分为"好与坏"、"优与次",而是为处于不同发展阶段和具有不同市场需求的挂牌公司提供与其相适应的资本市场平台,从而更有针对性地提出监管要求和提供差异化服务,合理分配监管资源,给市场更多的选择空间。

新三板扩容之后短短的两年半时间,就走过了纳斯达克市场 11 年的历程。

## 四、新三板的未来

新一届政府面临着前所未有的经济困局,经济增长率下降,物价上涨,传统经济增长的三驾马车投资、消费、出口都出现疲软,出于对政府债务增加和房价飙升的担忧,刺激政策的操作空间进一步被压缩。所以,政府提出"大众创业、万众创新",李克强总理称之为中国经济的

"新引擎"。而在资本市场，有可能承载经济转型、产业升级重任的，唯有新三板了。

目前新三板面临的最大问题就是交易不活跃，融资功能差。

而造成这种状况的一个主要原因，还是新三板进入门槛过高，参与者过少。新三板账户开设需要 500 万元的金融资产，是目前全世界证券交易市场中最高的要求，监管机构的设置高门槛的出发点是为了培养机构投资者，避免 A 股市场以散户为主所产生的一系列问题，但同时也造成交易不活跃，融资困难等问题。

建议适当（逐步）降低新三板的开户要求，让更多的投资者能参与到新三板市场，分享新三板挂牌企业成长的好处。鉴于做市转让的流动性大大好于协议转让，逐步放开做市商的资格限制。现在的做市商只能是券商，而且受到券商净资本的限制，可做市的资金很少，而新三板的挂牌公司在迅速增长，所以要向纳斯达克学习，允许符合一定条件的公募或者私募基金、投资公司作为做市商，可大大提高新三板的流动性。

当然，维持适当的门槛，实行投资者适当性制度还是很有必要的，A 股没有设置准入门槛，是一个个人投资者（散户）占 80% 的证券市场，结果 2015 年 6 月开始 A 股暴跌，而且是断崖式暴跌，无法停止，这与 A 股参与者的结构有很大关系，散户比机构更容易恐慌，也更容易贪婪，不理性。如果新三板不设置准入门槛，由于其总市值较低，会比 A 股更容易暴涨暴跌。

将新三板的准入门槛调整到 100 万元比较合适（也可以分步调整到位），A 股市场投资人持有 10 万元以上市值的比例低于 20%，1 000 万元以上市值的不到 2%，所以 100 万作为新三板的准入门槛是比较合适的。

在另一方面，又要改革新三板的审核体制，不要把新三板变成另一个主板。

虽然形式上审核权利从证监会到股转公司，审查制度从审核制变为注册制，但审核标准日趋严格，很多方面越来越向IPO（指主板、中小板和创业板）靠齐，由于想上新三板的公司太多，事实上大部分券商对推荐上新三板的企业都有盈利指标要求，不少券商要求申请企业有500万元以上的净利润，这已经达到澳大利亚等国家的证券交易所主板要求了。

注册制只是形式审查，责任主体是中介服务机构：证券公司、会计师、律师。切忌把形式审查变成实质审查，把注册制变成变形的审核制。

2016年5月，新三板分层机制正式实施，这是一次重大制度变革。7 692家新三板挂牌公司将分为基础层（6 739家）和创新层（953家）两个层次。纳斯达克设立在11年后的1982年才开始分层，初始也是两层，2006年将全部企业分为三个层次：资本市场—全球市场—全球精选市场。

分层实施后，全国中小企业股份转让系统会进一步跟踪研究和评估相关机制，按照权利义务对等原则，逐步丰富和完善不同层级挂牌公司的差异化制度安排，业界人士指出，新三板的分层将会在融资、流动性、制度方面大为改善投资者对新三板的预期，新三板的挂牌优势不低于创业板。至于新三板的转板，要看新三板的分层制度实施效果，符合转板条件的挂牌企业，基本都在创新层，如果市场具有足够流动性，估值也不低，那企业方转板的动力就不足，而且新三板和创业板（或中小板）属于不同的利益主体，股转系统也会趋向于采取一定手段阻止转板或者采取更加优惠的措施让这些优秀企业留在新三板，由于新三板的挂牌成本低，更加便捷，很多可以上中小板或者创业板甚至主板的公司都会选择上新三板。

　　按照目前的发展态势，新三板在不久的将来无论从挂牌（上市）家数还是总市值来看，都会是全世界最大的证券市场。当然，这并不是最重要的，最重要的是真正能为广大中小企业解决融资难题，促进企业产业转型和升级，如果能够做到这一点，就很有可能像纳斯达克一样培育出像苹果、思科、亚马逊等有世界影响的大企业。

第十章

# 建设离岸金融中心——国家层面的金融创新

建立离岸金融中心是国家层面的金融创新，建立离岸金融市场不但可以提供便畅的融资渠道、促进国际收支平衡，助力一国金融业的腾飞，既有利于开放，又能促进改革，但也可能对一国的金融体系和金融秩序的稳定性产生冲击。中国的离岸金融中心建立首选上海自贸区。那么，上海建立离岸金融中心需要具备什么样的条件，选择什么样的模式，又要注意什么要点呢？

# 一、国际离岸金融中心的发展历程

离岸金融的产生是源于 20 世纪 50 年代兴起的金融全球化和自由化的浪潮。离岸金融业务起初为欧洲美元，最早出现在冷战时期的英国，之后发达国家的货币逐步国际化，离岸金融的内涵也在不断拓展，其表现在：一是离岸金融货币不再局限于美元；二是地域从欧洲逐渐扩大到欧洲、美洲及亚洲地区。

根据离岸金融的发展史，可以将其主要特点归纳为：不受本国金融法规的约束而只受到离岸金融法律法规的监管，面向非居民的国际借贷、国际证券交易、保险业务及结算等的金融服务。国际货币基金组织对离岸金融市场的最新定义为：离岸金融市场指的是离岸金融活动（主要是银行等金融机构对非居民提供的金融服务）发生的金融市场。在实际中离岸业务中心通常具有以下特征：（1）主要面向非居民；（2）不受所在地政府当局的金融政策、法令的管制和外汇管制措施的约束；（3）具有较低的税率或零税率，较强的客户信息保密性等优惠政策。

离岸金融中心发展的四个阶段为：

第一阶段是在 20 世纪 50 年代初，离岸金融中心的最初形式是欧洲美元。朝鲜战争爆发后美国冻结了苏联在美国的美元存款，导致苏联转向欧洲大陆开设美元账户进行国际结算，这一历史原因促进了欧洲面向非本地居民的外币金融业务的快速发展，由此形成了欧洲美元的离岸金融市场。

第二阶段是从 20 世纪 60 年代开始，美国存在高通货膨胀率，美联储使用了提高贴现率的紧缩性货币政策，过度紧缩的货币政策引起信贷紧张、资金使用成本过高，美国政府的干预促使国内货币流入监管相对宽松的离岸金融市场。根据麦肯的《离岸金融》( Hilton McCann, Offshore Finance, Cambridge University Press, 2006 )"在 1963 年到 1973 年的 10 年间，美国银行的境外分行由 181 家增加到 699 家，美国银行的境外资产规模由 70 亿美元增至 530 亿美元，美元存款在欧洲货币市场的总量由 200 亿美元扩张到 3 100 亿美元。"这极大地促进了欧洲离岸金融市场的繁荣与发展。

第三阶段为 20 世纪 70 年代，"石油危机"的爆发导致巨额的"石油美元"流出国外，中东产油国的大量外汇存款寻求新的投资渠道，同时美国取消了银行跨国经营的限制，亚洲、美洲和加勒比地区成为新的美元流出地，也由于各地区位和政策的不同，簿记型和分离型等不同类型的离岸金融中心在此形成和发展。中国香港和马尼拉继新加坡之后也相继开展离岸金融业务。被称为"避税天堂"的岛屿型离岸金融中心则由于英国金融业为避开国内的税收及外汇管制而逐步建立起来。这一阶段丰富了国际离岸金融市场的内涵。

第四阶段始于 20 世纪 80 年代。美国于 1981 年 12 月成立国际银行设施 ( International Banking Facility, IBF )，国际银行设施是离岸金融业务在岸交易的制度创新。1986 年，日本在东京设立离岸金融市场（Japan Offshore Market，JOM），日本离岸金融市场向日本全国范围拓展，这标志着离岸金融中心的金融业务突破了离岸金融中心的地理范畴。之后离岸金融作为创新型国际金融形式对国际金融市场产生了深远的影响。

目前，约有 40 个离岸金融中心分布在全球经济发达地区或相对较发达的发展中国家和地区。世界货币存量的 50% 通过离岸金融市场周转，世界私人财富约有 1/5 以上投资于离岸金融市场。

## 二、离岸金融中心的主要类型

离岸金融中心模式主要有三种类型：内外一体型、内外分离型和避税型。

第一种：内外一体型，是指离岸金融业务与国内金融业务混合经营。典型的内外混合型离岸金融中心为伦敦和中国香港，在这种类型的离岸金融中心里，允许资金自由流动、给予非居民国民待遇，即非居民可在进行离岸业务的同时经营国内在岸业务。

内外一体型的代表——伦敦。

欧洲美元是最早的离岸金融产品，伦敦也是最早的离岸金融中心，这主要源自朝鲜战争时期美国冻结了苏联在美国的美元存款，导致苏联将美元转投向欧洲进行贸易。此后英镑危机的发生致使英国相关监管部门下令禁止使用英镑进行融资，促使英国境内银行的金融机构大量吸收美元存款以用来对外借贷。在国际国内有利环境的促进作用下，伦敦成为欧洲美元中心。

随着 20 世纪 70 年代国际货币体系——布雷顿森林体系的终结，中东石油危机的爆发和美国经济发展疲软导致石油美元和美国金融机构的美元在欧洲货币市场的规模扩张急速。在1990年，伦敦吸收的非英镑存款为6 670亿英镑，超过4 690亿镑的英镑存款。其中非英镑存款证840亿英镑，约是英镑存款证430亿英镑的两倍左右。

第二种：内外分离型离岸金融中心模式，它只针对非居民开展的离岸交易市场。如纽约、新加坡和东京等。内外分离型离岸金融中心严格区分在岸业务和离岸业务。这样可以避免国际金融市场上的投机对本国的影响，也方便监管。

内外分离型代表——纽约、新加坡。

纽约离岸金融中心起源于1970年纽约清算协会提出开设国际银行设施（IBF）的构想，严格分开在岸离岸业务是内外分离型的特点。纽约的特别之处在于其交易货币均为美元。

新加坡离岸金融中心即新加坡亚洲货币单位（ACU）。由于20世纪60年代初期的新加坡经济发展非常落后，被马来西亚抛弃，1965年才独立建国，对外贸易依存度过高，极易受国际经济波动影响。新加坡通过借力离岸金融中心来吸引QFII，但与纽约不同的是，新加坡离岸金融中心允许居民进行离岸业务，居民可以开设外币账户和投资外币储蓄。新加坡由此形成内外分离渗透型的离岸金融中心。

第三种：避税型。这种类型的离岸金融中心主要建立在少赋税、经济规模总量很小的岛国。一般跨国集团将财务运营中的记账机构注册在这里，已达到逃税和逃避母国的监管。典型的代表是加勒比海地区的离岸金融中心。

避税型代表——开曼群岛。

开曼群岛原是英属殖民地，是加勒比海的岛屿型国家。开曼群岛、维京群岛、百慕大是离岸金融中心中最知名的离岸注册地。开曼离岸金融中心的特点有：高度保密离岸公司的所有权结构、记账结算可享受税收豁免以及对注册资本金无要求。

开曼群岛等避税型离岸金融中心，对中国以互联网为主的电信、媒体、科技企业在境外上市融资起到不可估量的作用。大多数国内的互联网企业，比如新浪、百度等，没有资产、没有负债、没有盈利，是不符合在国内上市要求的，这也导致了这些互联网企业得不到国内资金的投资，只能接受境外投资，从而成为"外资企业"，但很多经营牌照只能由内资公司持有，工信部就明确规定网络内容服务商内资公司才能拥有，为了符合工信部和新闻出版总署（GAPP）对提供"互联网增值服务"的相关规定。这些公司往往成立由内地自然人控股的内资公司持有经营牌照，用另外的合约来规定持有牌照的内资公司与外资公司的关系。这一模式又称为 VIE 模式，由于新浪网最初实施这一模式，所以又称为"新浪模式"，VIE 结构被推而广之，应用于许多非互联网赴美上市公司。

具体操作如下：

第一，公司的创始人或是与之相关的管理团队设置一个离岸公司。一般而言，每个股东需要单独设立 BVI 公司（之所选择 BVI 公司，是因其具有注册简单、高度保密优势），比如在开曼群岛或维京群岛；

第二，该公司与 VC、PE 及其他的股东，再共同成立一个公司（通常是开曼），作为上市的主体；

第三，上市公司的主体再在香港设立一个壳公司，并持有该杏港公司 100% 的股权；

第四，中国香港公司再设立一个或多个境内全资子公司（WFOE）；

第五，该境内全资子公司与国内运营业务的实体签订一系列协议，具体包括：《股权质押协议》、《业务经营协议》、《股权处置协议》、《独家咨询和服务协议》、《借款协议》、《配偶声明》。通过这些协议，注册在开曼或者英属维尔京群岛的母公司最终控制了中国的内资公司及其股东，使其可以按照外资母公司的意志经营内资企业、分配、转移利润，最终在完税后将经营利润转移至境外母公司。

VIE架构带来了电信、媒体、科技产业的黄金十年。对外资限制的电信、媒体、科技产业，在VIE架构下顺利实现私募股权融资以及上市做大，点燃了国人在电信、媒体、科技领域的创业热情，由此推动电信、媒体、科技产业的蓬勃发展。过去十余年间，新浪、搜狐、阿里巴巴等中国最优秀的互联网公司得以通过VIE敲开了海外资本市场的大门，使得中国的互联网公司能实现弯道超车，成为世界互联网大国。

## 三、上海建立人民币离岸金融中心可行性分析

### 1. 上海有地理位置优势和人才优势

上海曾经是远东第一大金融中心，是中国通往西方的门户，现在也是全国的金融中心，是最活跃的金融中枢之一。上海倚靠中国新兴经济体快速发展，能够与内陆经济形成联动。上海建立离岸金融市场具有得天独厚的地理优势在交通位置上，上海位于太平洋西海岸、远东的中心点，可以辐射全球最具经济活力的东亚地区。在时区位置上，上海与香港、新加坡处于同一时区，可以在旧金山市场闭市之前接手，在上海金融中心闭市时就可将金融交易活动转交给苏黎世，可以与国际金融中心构建一个24小时的不间断交易。同时，从国内各地区来看，国内外众多金融机构的总部或中国总部在上海聚集，外国金融机构进入中国更是首选上海。上海现在已有35万名金融从业人员，具有大批国际化的高素质的金融人才，而且全国乃至全世界的金融人才还在源源不断地涌入上

海，能满足各金融机构对人才的高要求。

2. 上海云集了离岸金融市场的潜在交易主体

目前，上海作为中国对外开放的前沿，已经成为国内金融机构的最大聚集地，呈现出外资金融机构多、非银行金融机构多、专营机构多的"三多"特征，形成了多元化的国际金融机构体系。同时，上海是现代金融业的发源地，金融基础好，在外资企业中也具有良好的国际声誉。更重要的是，上海是大陆外资金融机构集聚程度最高的城市。由于我国中资银行离岸业务的客户群主要以境外中资企业以及国内外商投资企业境外股东为主要服务对象，上海建立离岸金融市场无疑具有广大的客户群体和潜在的交易主体。

3. 上海金融市场规模已位居世界前列

目前，上海已经形成以资本、货币、外汇、商品期货、金融期货、OTC 衍生产品、黄金、产权、再保险市场等构成的全国性金融市场体系，汇聚了世界上主要金融市场种类，金融市场的成交总额和规模连续大幅度增长，是大陆离岸金融市场选址的最佳金融中心。从股票市场来看，2015 年，上海证券交易所总成交金额 266 万亿元，其中股票成交金额 133 万亿元，发行公司债 17 413.67 亿元，全年金融市场交易总额达到 1 462 万亿元，上海期货交易所总成交金额 63.56 万亿元，中国金融期货交易所总成交金额 417.76 万亿元，银行间市场总成交金额 704.26 万亿元，上海证券交易所成交额与筹资额均居全球第二，其他指标也居世界前列。

金融市场规模排名也进一步提升。目前，上海各金融机构开发的金融产品不仅包括票据、信用卡、资金运营、中小企业金融、汽车金融、资产托管、产品研发等市场前沿的各个方面，也覆盖了数据处理、会计处理、国际贸易单证处理等多项银行后台业务处理功能，部门齐全、体系完备。强大的金融市场规模为离岸金融市场的建设提供了良好的发展平台，是其发展离岸金融业务的强大后盾。

4. 上海自贸区建成的核心亮点在于金融制度创新

其内容涉及多个方面，如在风险可控的前提下，在区内对人民币资本项目可兑换进行先行先试；在区内实现金融市场利率市场化；对于已经开启的人民币跨境使用，在自贸区将在更大范围内进行人民币跨境使用方面的先行先试；自贸区还将探索面向国际的外汇管理改革试点，并建立与自由贸易试验区相适应的外汇管理体制；同时，鼓励企业充分利用境内外两种资源、两个市场，实现跨境融资的自由化。上海自贸区的成立以及金融改革的推行将成为促进中国贸易的驱动力，也将进一步增强对上海离岸金融市场的迫切需要。上海的离岸业务尚处于起步阶段，参与离岸业务的金融机构和相关产品相对较少，具有广阔的发展空间和发展前景。

5. 与香港的离岸金融业务互补、联动

香港作为我国离岸金融市场建设的主要地区，离岸人民币市场已逐步完善。回归后，在中央政府的支持下，香港人民币业务发展的制度创新在不断丰富，香港地区跨境人民币贸易量快速繁荣。同时，随着人民币国际化进程不断推进，离岸金融市场在大陆的建设和发展变得可行。上海的离岸业务可以与香港相互联动，借鉴香港的在离岸市场发展中对市场环境的有效把握、对市场人才的强势引入、在市场运作上的精准高效，以及相对完善的服务体系，吸取香港方面在风险防控方面的经验教训，让上海离岸金融市场的建设少走弯路，少犯错误，加快发展步伐，增强抵御风险的能力。同时，对于香港离岸金融业务尚未涉及的领域，上海也可进行试点尝试，如跨境人民币直接投资、融资等方面的产品创新和组合，以及在离岸人民币存款、兑换、发债、投资、清算、资金等各个方面的全面拓展，从而使得人民币在海外逐步沉淀壮大，形成完善的境外循环机制。

同时，香港受英国殖民统治近百年，回归祖国还不到二十年，近年来香港受所谓"民主派"影响，示威、罢工、游行不断，排斥大陆人现象时有发生，经济也不太景气，使得很多金融人才离开香港，中央政府在重大金融决策上肯定不会偏向香港，而会重点支持上海。

未来如果上海自由贸易试验区能够享受资本账户开放及跨境人民币业务的优惠政策，区内金融机构可提供人民币自由兑换，可为区内及境外企业进行离岸人民币融资，或为境外企业提供跨境人民币服务，进而设立离岸人民币市场，即等同于引入类似香港的离岸人民币市场功能，除了互补以外，上海将与香港在离岸金融中心建设一定程度上也会形成直接竞争关系。

## 四、上海建立离岸金融中心的模式探讨

避税型模式只适合自身经济规模较小的国家或地区，不适于中国国情。我国经济规模巨大，税制齐全，我国建立离岸金融市场的初衷是，加快我国金融国际化，促进国际贸易发展，推动我国市场经济体制改革，但避税型模式通常只起一个"记账中心"的作用，对于实际业务的交易很少涉及，其收入对于中国这样的经济大国更是不值一提，对经济发展缺乏推动作用。同时，我国的"软件"方面，如相应的法律环境，以及技术人才的匮乏也不允许我国采取这样的发展模式，若强行发展，极有可能成为资本渗漏和洗钱中心。

我国还不具备发展内外一体型模式的条件。内外一体型离岸金融中

心需要金融业具有高度的经营自由，境内市场几乎完全开放。从我国目前的发展状况来看，虽然人民币在经常项目下可自由兑换，但必须结售汇，在资本项目下还不能自由兑换，金融机构受到监管部门的严格管制，距离国际离岸金融市场发展方向的高度自由市场还有很大差距。金融改革正在深化，金融监管和风险防范机制尚在探索。在这样的现状下建立"内外一体型"离岸金融市场，缺乏成熟的市场环境。

采取试点试行、内外分离模式是我国离岸金融市场建设的必然选择根据金融中心的集聚效应和金融市场的规模经济理论，国内很多经济学家提出"金融发展极"战略，即由离岸金融业务的主导部门和有创新能力的金融机构在大城市聚集发展而形成离岸金融中心。

从我国的发展状况来看，要满足规模效应，在上海自贸区划定离岸金融市场试点，采用内外分离的发展模式，逐步推进我国离岸金融中心的建设与发展是唯一可行的途径。在业务范围上，可以从传统的离岸银行业务起步，在基于香港离岸业务经验的基础上，进行一些存、贷、汇、结算等基础业务，为自贸区的贸易活动提供相应的金融支持，待自身离岸业务发展成熟后，再根据上海金融市场的特点，逐步向证券业务、保险业务渗透，以形成完备的离岸金融市场体系，增强上海离岸金融市场的吸引力和国际竞争力。在经营主体上，积极吸引外资银行，并保障中资银行离岸业务的有序开展。目前上海有外资法人银行22家，其中大多涉及离岸业务，且其在在岸业务的开展上不具备相应优势，因此，外资银行是开展离岸金融业务的主力军。入驻上海自贸区的两家外资银行——花旗银行和星展银行——对离岸业务均有涉及。据星展银行内部人士介绍，星展中国成立了专门的项目小组，由资深银行家牵头，研究"利率市场化"、"资本项目开放"将带来的新产品、新服务，在条件具备的情况下，第一时间在自贸区推出。另一方面，交通银行一高管表示："在离岸业务方面通过与外资银行的充分竞争，可以形成一个更好的市场价格。在充分竞争的环境下，市场会寻找供求关系的均衡点，在利率市场化中得到更好的价格形成机制，也为关内的金融机构带来好的学习和过渡空间。"在交易币种上，上海应积极发展以美元、欧元、日元为核心的外币离岸业务。根据《中国上海自由贸易试验区总体方案》的规定，在风险可控前提下，可在试验区内对人民币资本项目可兑换、金融市场利率市场化、人民币跨境使用等方面创造条件进行先行先试。这一规定为上海自贸区外币离岸金融业务的开展打下了坚实的政策基础。同时，上海也可利用距离优势，以日元为特色，发展日元离岸业务；利用人民币国际化进程的加快。开发人民币市场潜力，以人民币离岸业务作为其后期开拓目标之一。

## 五、上海建立离岸金融中心需要重点关注的问题

从微观层面看，离岸金融带来的风险主要表现为增加了金融机构的脆弱性，从而加大了国内金融体系的脆弱性，形成国内银行体系的系统性风险。从宏观角度看，离岸金融市场的资本流动会加大对国内货币政策的扰动，并引发外债规模失控。

除了上述一般性风险外，还有我国特有的风险：其一为冲击汇率制度。我国实行有管理的浮动汇率制度，而人民币离岸中心汇率制度完全由市场供求决定。当这种不一致达到一定程度时，大规模人民币资金必将通过投资、贸易等公开以及各种非公开的形式进行套汇。国际外汇市场上的投机者的套汇行为会冲击人民币汇率制度，增加内地货币和资本市场的不稳定性。其二为制度性风险。上海自贸区人民币离岸金融中心

不是完全的离岸金融中心，受到明显的制度约束。人民币离岸市场并非完全在中国人民银行的监管范畴之外，人民币业务还要在中央政府的授意下展开。

1997 年的"东南亚金融危机"和 2008 年美国"次贷危机"的发生暴露了离岸金融市场监管缺失的隐患。也幸亏当时我国的金融市场是相对封闭的市场，受到的冲击也不算太大。我国在离岸金融监管上经验不足，完全开放金融监管将使我国境内金融机构面临巨大风险，进而冲击到脆弱的国内金融体系，此外离岸金融中心的建立还会带来"洗钱"、避税等问题。因此应当审慎地推进金融创新，提前估测和及时管控发展过程中遇到的风险。

所以，在推进人民币离岸金融中心建设过程中，要注意以下一些要点：

第一，在管理模式的选择上，上海自贸区人民币离岸中心建设应当严格区分居民和非居民。由于非居民是对本国金融市场带来巨大波动性的主要投机主体，因此必须对非居民的资产规模、交易量等指标进行监控。同时，建立健全离岸银行业务财务会计制度，银行应当严格审查离岸账户和在岸账户间资金往来的有效凭证，并且按照国际收支统计申报办法进行申报。

第二，制定比较严格的市场准入制度。对从事离岸金融的机构实行比较严格的准入制度是为了减小金融市场的系统风险，可以实行资本充足性监管、流动性要求的监管、加强对离岸账户和在岸账户的管理、对离岸金融业务活动实施适度管制，以达到审慎有效监管的目标。我国监管当局可根据申请机构的资产规模、声誉、资本金规模、业务能力、公司治理和风险管理水平等多种因素分三种不同类型的牌照：全面牌照（可以经营离岸业务和在岸业务）、限制性牌照（可以经营有限的在岸金融业务）和离岸牌照（只能经营离岸业务），并对持有不同牌照的金融机构进行分类管理。特别是在发展初期，必须坚持高标准、严要求，适度控制开展人民币离岸金融业务的机构数量，选择具有较强实力和管理完善的国际大型金融机构参与，以达到市场稳健运行与最大限度控制风险的目的。

第三，加强监管。我国人民币资本项目尚未开放，汇率和利率还没有完全市场化，离岸金融的监管很有必要，可以减少巨额资本流动对一国的金融体系和金融秩序的稳定性产生冲击。我国应当尽快健全金融立法，应当根据内外分离型的发展模式和经营特点，抓紧制定有关离岸公司、银行、保险、证券、税收法律法规，对金融市场的准入、业务经营、税务安排和保密义务等内容进行明确规定。通过全方位的法律规范，来制约和保障离岸金融市场和在岸金融市场参与者的合法权利和义务。

第四，在监管重点上，应当着重关注重要监管指标的检测，具体包括：银行资本充足率应当成为监管核心标准。首先，如银行的资本充足率必须符合巴塞尔协议的要求，在法人资本统一监管的前提下，核定离岸业务的授权资本，并以此衡量离岸业务的规模和质量控制范围。其次，重点监管流动性。大部分离岸业务具有批发性的特点，流进流出金额巨大。因此对于银行流动性指标的监控是保证银行日常正常运作的需要。第三，指导商业银行建立健全离岸业务内控制度，促使商业银行提高尽职能力和水平。此外，外汇监管重点应当放在对居民外汇管制政策的有效性执行方面，要严格监控国际短期资本的流入，主要监控好居民收汇账户及其用途的审查，管理好资本流出，既要打击非法套汇逃汇，也要鼓励居民合理对外投资的资本支出。

第十一章

# 互联网金融第一股：东方财富网的兴起

2015 年 12 月，令人瞩目的创业板上市公司——东方财富网并购同信证券一事终于尘埃落定，使它成为唯一收购证券公司的互联网金融公司。从一家名不见经传的财经网站，历经短短 12 年时间，就发展成为互联网金融第一股；从创立之初的注册资本 300 万元，发展到最高市值 1 600 亿元。东方财富网的兴起，无疑是这个互联网时代的金融服务公司高速发展的一个缩影。但这样的超常规发展速度能持续多久，这个号称要成为市值一万亿元的公司，会好梦成真吗？

# 一、东方财富网的发展历程

2004 年之前，沈军的工作就是每天用"其实"这个笔名写股评，这个上海交大的毕业生，曾经的校园诗社社长，与当时许多年轻人一样，放弃了本来的专业，投身火热的股市大潮。在中国，要成名成家，最好做股评，因为时间一久，自然成为了股评家，至于股评的准确率，倒很少有人留意。也许觉得只做股评不过瘾，也许是在互联网的大潮中发现了网络金融的商机，2004 年，沈军带领五个人在上海成立了东方财富网，跻身网络财经信息服务业行列，注册资本为 300 万元。

在东方财富网成立之前，新浪、搜狐、网易三大门户网站的财经频道发展已久，和讯、金融界、证券之星三大财经网站也都确立了各自的行业地位，而互联网的特点是赢家通吃，边际成本接近零。东方财富网如何在市场竞争激烈的环境中求得生存？

所以，东方财富网成立后有段艰难的日子，甚至据说曾经想以低价转让。但很快时来运转，当然，也可以说：机会只留给有准备的人。

2005 年 4 月 29 日，经国务院同意，中国证监会发布"股权分置改革试点"的通知，这项对于中国资本市场有深远影响的政策，改变了因历史原因形成的国家股、法人股不能流通的历史。但时值周五，又逢五一长假，国内各大网站因而懈怠无人值守，错过了及时报道中国证券市场上这一具有标志性意义的历史事件。东方财富网秉承"没有休息日、新闻不过夜"的要求，值班编辑当夜及时转载，独此一家，瞬间吸引了公众的目光。

2006 年 1 月，东方财富网上具有 web2.0 特征的网上社区交流平台"股吧"上线，一战成名。之前各大财经门户网站，有关证券投资和理财的论坛早已有之，股吧为何能吸引千万用户的目光？点击进入股吧页面，每一家上市公司、每一只股票、每一只基金都有其专属的讨论页面，打开帖子，整整一大片分页链接，与门户网站的当红热帖不相上下。这种全而又细的模块设计激发了用户极大的交流需求，满足了用户对于财经资讯分享的渴望。互联网便捷、及时的沟通方式最大限度地聚集一批"想要找人说说、想要听人家说说"的普通投资者。

从此，东方财富网一路凯歌，走上坦途，大众化的名字"沈军"也变成了很有个性的名字"其实"。

2010 年 3 月，东方财富信息股份有限公司成功登陆深交所创业板，成为 A 股首家上市的财经门户网站。

2012 年 2 月，东方财富网旗下天天基金网获得中国证监会颁发的首批第三方基金销售牌照。"为获得这一牌照，我们筹划了足足 7 年。"其实深有感慨。

早在 2005 年创办之初，东方财富网就依托旗下天天基金网，设定了开展第三方基金销售业务的发展目标，并进行了大量的准备工作，几年后注册成立了专注于基金销售的全资子公司——上海天天基金销售有限公司。在证监会《证券投资基金销售管理办法》正式发布之后，"天天基金"第一时间向证监会提交申请。

在成功获牌之后，天天基金网积极展开与基金管理公司代销协议的签订工作，并且完善对运营、研究、营销、风控等各项部署，交易平台于 2012 年 7 月正式上线。依托母公司东方财富网的庞大用户资源，天天基金网迅速成为中国最大的基金交易平台，每月独立访问用户数超过 2 500 万，在第三方基金代销机构中一骑绝尘。

2013 年，中国互联网金融快速发展，不断涌现的互联网创新理财产品掀起了全民理财的狂欢，作为市场"领军者"之一，天天基金网于 2013 年 6 月适时推出挂钩多只优选货币基金的投资理财工具"活期宝"。同年 8 月，短期理财工具"定期宝"上线。2014 年 5 月，天天基金网又推出挂钩多只跟踪国内外不同指数的理财工具"指数宝"。多种类型的理财工具，丰富的产品功能，满足了投资者多元化的投资需求。

东方财富网凭借其专业、及时、全面的优势一跃已成为中国访问量最大、用户黏性最高的财经门户网站。根据第三方数据显示，截至 2013 年 9 月，网站日均访问用户超 2 600 万，日均页面浏览量超 2.5 亿。

根据 2013 年 7 月，百度发布的中国网民行为报告显示，东方财富网成为中国银行业、基金业用户最关注的财经网站，且遥遥领先于第一名。

2015 年 3 月，为推进"沪港通"和促进资本市场国际化，东方财富网收购香港宝华世纪证券，更名为"东方财富国际证券有限公司"。

创始人其实坦言："创业者不应惧怕竞争，只要抓住机会，用户体验才是决定性因素。东方财富网表面是异军突起，实则是我们在修炼内功，不断挖掘用户需求。在经历了多年熊市之后，很多财经频道或专业网站的部分开始收缩业务，这反而给了我们一个较大的拓展空间。"

## 二、并购同信证券

2015 年 2 月 7 日起，东方财富停牌，筹备资产重组事宜。4 月 15 日，东方财富即将全资收购同信证券的公告更是令市场为之疯狂。同信证券全称"西藏同信证券股份有限公司"，原来的两个股东分别是河南的宇通客车（持股 70%）和代表西藏政府持股的西藏投资有限公司（持股 30%）。收购后，这两家公司的同信证券的股权置换成东方财富网的股权，这两家公司不再持有同信证券的股权，同信证券成为东方财富网的全资子公司。

配合互联网金融企业收购券商这一热门话题，东方财富股票在当时火热的资本市场接连涨停，最高股价超过 100 元，一时之间风光无限。东方财富董事长其实这样向外界阐释公司收购同信证券的动机："虽然对互联网企业放开证券牌照可期，但收购同信证券主要为抢占时机，在牛市下积累客户；未来将以上市公司东方财富为主，旗下协同发展金融、交易、资讯、数据，共享底层数据。"

这种说法是有事实佐证的，以二级市场开户为例，最大券商之一的国泰君安证券，二十年来累计开户数为 400 万户，但 2015 年上半年通过东方财富网的一天开户数可多达 2 万户。

孰料，上证指数 2015 年 6 月中旬步步下行，已出 5 000 多点高位最低回调至 2 600 多点，指数跌幅近一半，A 股形势急转，直接导致东方财富股价的掉头向下，出现了断崖式下跌，从 100 元跌到了 30 多元，但并没有动摇这家互联网金融的龙头企业收购券商的决心。

同年 12 月，东方财富重组同信证券获得证监会通过。

同信证券成为东方财富的子公司，并且更名为"西藏东方财富证券股份有限公司"，东方财富网取得了国内市场的证券业务经营资格。

再加上稍早之前取得的香港券商牌照，东方财富网同时拥有了国内和香港的券商牌照，朝全牌照金融集团的目标又迈进了一大步。

东方财富网官方表示，此次交易完成后，公司实现了对同信证券的全资控股，将进一步拓宽公司互联网财经金融服务大平台的服务范围，由互联网财经金融信息、数据服务和互联网基金第三方销售服务等，延伸至证券相关服务，进一步延伸和完善服务链条，对公司一站式互联网金融服务大平台的构建和完善具有重要战略意义。

而差不多同时申请的同为创业板上市的金融公司"同花顺"（代码 300033）收购湘财证券的方案则被证监会否决。

## 三、互联网金融的领头羊

2010 年 3 月，东方财富网在深圳证券交易所创业板成功上市，成为 A 股首家上市门户网站，如今已经成为在中国上市的市值最高的互联网公司，也是包括阿里巴巴、腾讯在内的中国第五大市值的互联网公司，东方财富网在 2015 年 6 月曾达到最高市值 1 660 亿元，2016 年 4 月 17 日的市值达到 840 亿元。

东方财富网已经成为包括所有门户网站在内访问人数第四位的中国网站。

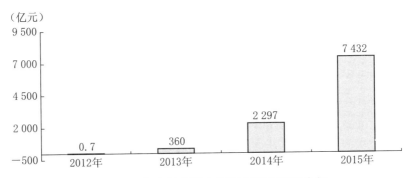

图 10.1　东方财富网电商平台基金交易金额

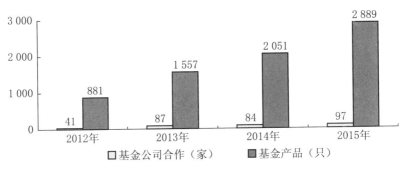

图 10.2　东方财富网合作基金公司数目及产品数

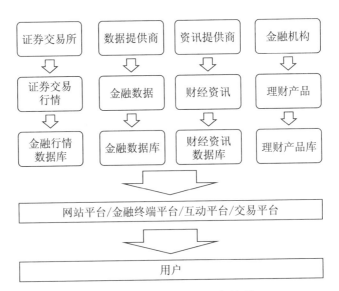

图 10.3　东方财富网服务流程

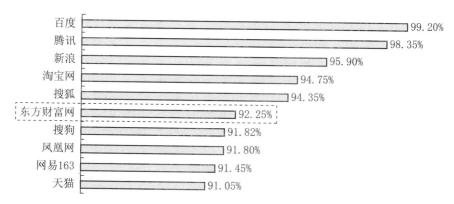

图 10.4　2015 上半年股民覆盖人数 Top10 的网站

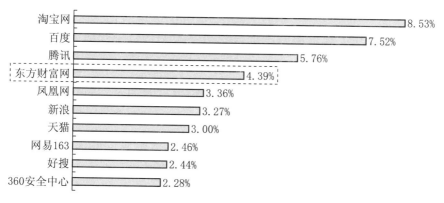

图 10.5　2015 上半年股民页面浏览数 Top10 的网站

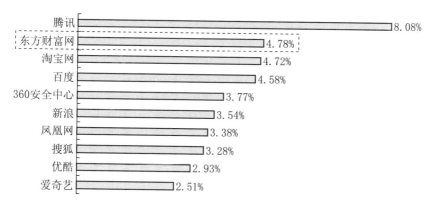

图 10.6　2015 上半年股民浏览时长 Top10 的网站

东方财富网短短几年书写的商业传奇，令诸多同行叹为观止。然而，东方财富网仍有题材可以发挥，谁也无法预料一家互联网的真正价值有多大。

2013年被称之为"互联网金融"元年，百度、腾讯等互联网大佬开始"搅局"金融市场，一石激起千层浪。然而，殊不知包括其实在内，互联网金融领域那些更早的拓荒者们，似乎被忽视了。

据介绍，早在2005年创办之初，东方财富网就依托旗下天天基金网，设定了开展第三方基金销售业务的发展目标，并进行了大量的准备工作，几年后注册成立了专注于基金销售的全资子公司——上海天天基金销售有限公司。在证监会《证券投资基金销售管理办法》正式发布之后，"天天基金"第一时间向证监会提交申请。

在获得基金牌照之后，天天基金网积极展开与基金管理公司代销协议的签订工作，并且完善对运营、研究、营销、风控等各项部署，交易平台于2012年7月正式上线。依托母公司东方财富网的庞大用户资源，天天基金网迅速成为中国访问量最大的基金门户网站，截至2014年9月底，天天基金网共上线80家基金公司的1 909支基金产品。2014年初至9月底，公司金融电子商务平台共计实现基金认申购及定期定额申购交易6 228 157笔，基金销售额超过1 300亿元，在天天基金网交易平台上的基金销售量已经占到所有第三方基金销售公司市场份额的90%以上。

自交易平台上线以来，2013年第一、第二季度天天基金网销售额分别为4.45亿元、17.34亿元。2014年第一季度，天天基金网销售实现爆发式增长，销售额高达385亿元，全面覆盖75家基金公司的1 768只基金产品，在独立第三方基金销售机构中遥遥领先。

其实认为："东方财富网表面是异军突起，实则是我们在修炼内功，不断挖掘用户需求。在经历了多年熊市之后，很多财经频道或专业网站的部分开始收缩业务，这反而给了我们一个较大的拓展空间。"

销量巨幅增长的背后，是天天基金网不断推陈出新，紧贴市场需求的结果。

作为中国访问量最大的财经门户，东方财富网在为用户提供金融信息和市场资讯的同时，也适时地履行媒体的责任，借助自身的宣传平台和媒体力量，回馈广大用户。

自 2007 年起至今，东方财富网分别联合上海市基金同业公会、上海市银行同业公会等机构成功举办了五届基金业投资者教育系列活动、三届银行业投资者教育活动。又分别在 2010 年、2012 年联合上海期货同业公会、中国信托业协会开展投资者教育系列活动。各项活动均吸引了全国上亿投资者的基金关注与行业机构的广泛参与，有效帮助投资者更客观地认识金融机构、更理性地投资理财。

自 2010 年起，"中国力量——中国资本市场高峰巡回论坛"借着资本市场发展的势头正式启动，由东方财富网发起并主办，联合全国各地政府主管部门、证券交易所、律所、会计师事务所、投行等机构，为中国众多的优秀企业搭建一个顺畅、有效的沟通合作平台，帮助企业就融资、发展等相关焦点问题解疑释惑。至今，"中国力量"已经在云南、福建、山东、四川、上海、浙江、江苏、湖南及天津等九个省市成功举办，所到之处均引起当地的广泛重视与一致好评。

基于东方财富网高度的用户黏性与广泛的影响力，自 2010 年起，东方财富网又重磅推出了年度大型财经评选活动"东方财富风云榜"。该评选已成功举办四届。覆盖新闻、银行、基金、保险、证券、期货、外汇、信托、汽车等九大领域。活动以"一亿投资者的价值选择"为口号，全国累计参与投票人数达 3 000 万余。"东方财富风云榜"已成为盘点中国财经行业展示发展成果的最大规模、最权威、最具影响力的年度评选。

2010年3月，东方财富网成功登陆深圳证券交易所，成为A股首家上市的门户网站，位居当时创业板和互联网金融板块两个市值第一。

2013年，中国互联网金融快速发展，不断涌现的互联网创新理财产品掀起了全民理财的狂欢，作为市场"领军者"之一，天天基金网于2013年6月适时推出挂钩多只优选货币基金的投资理财工具"活期宝"。同年8月，短期理财工具"定期宝"上线。2014年5月，天天基金网又推出挂钩多只跟踪国内外不同指数的理财工具"指数宝"。多种类型的理财工具，丰富的产品功能，满足了投资者多元化的投资需求。随后，股票型基金、债券型基金、混合型基金等产品层出不穷。"用户是发展第三方基金销售业务的'基石'"，其实强调："东方财富网的平台优势、资讯优势、社区优势等还能进一步挖掘。未来，天天基金网将建设成为专为客户提供集优惠型基金产品、实用性资讯服务、个性化投顾服务为一体的一站式金融理财服务平台。"

东方财富网的迅速发展，受益于中国资本市场的不断开放与广大投资者的不断成长。其实坦言："无论是东方财富网的成功上市，还是天天基金网的快速发展，都让我们更加深入地融入到中国资本市场中，因此我们有责任和义务推动中国资本市场进一步健康成长。"

未来，东方财富网计划将进一步完善互联网财经大平台建设，并且着眼于构建一站式金融服务平台，为用户提供全方位、一站式的金融服务，打造中国金融信息服务第一民族品牌。

公司如果能结合一站式互联网金融服务大平台和海量用户的核心竞争优势，充分发挥整体协同效应，全面做好同信证券、东财国际的业务整合工作，从战略、业务、制度、人才和企业文化等各个方面着手，进行全方位的整合，还是很有希望的。

其实表示，虽然东方财富网已经取得一些成就，但未来的道路依然任重道远，"互联网的想象空间很大，市场也在瞬息万变。在很多行业领域，不少已经出现垄断，但金融行业因其特定的专业性绝对不会有垄断。"

从 BAT 等互联网企业发展历程来看，互联网企业打破垄断，减少了信息不对称，但发展到一定程度，也会建立行业壁垒。因为互联网没有地域性，边际成本接近于零，所以具有"赢家通吃"的特点。如今，政府监管正在慢慢放开，当互联网金融能真正给用户带来更高价值时，才是互联网真正的魅力所在。

## 四、东方财富网的"万亿市值"梦能实现吗?

2004 年 3 月 19 日，是东方财富网网站上线日，2010 年 3 月 19 日，是东方财富网在深圳证券交易所创业板上市日，所以，每年的 3 月 19 日，都是东方财富网的公司年会的日子。2016 年 3 月 19 日的东方财富网公司年会上，董事长其实提出了东方财富网未来要成为市值万亿的互联网金融公司的宏伟目标。

东方财富网在 2015 年 6 月曾达到市值 1 660 亿元人民币，2016 年 4 月 17 日的市值是 840 亿元，即使按照历史上的最高市值计算，离万亿市值也相差甚远。

首先让我们来了解一下截至 2016 年 6 月世界上哪些公司的市值达到（或接近）一万亿人民币（约合 1 500 亿美元）：

第一类：资源类，如埃克森美孚、中国石油、中国石化。

埃克森美孚公司是世界最大的非政府石油天然气生产商，在全球拥有生产设施和销售产品，在六大洲从事石油天然气勘探业务；在能源和石化领域的诸多方面位居行业领先地位，曾居世界 500 强首位。

中国石油和中国石化是我国两家最主要的油气生产商和供应商，中国石油曾经达到市值 2 万亿美元，全球第一市值公司，目前不到 2 万亿元人民币。中国石油和中国石化得益于石油垄断经营和中国经济的迅猛发展。

而著名的老牌石油公司壳牌石油（SHELL）、英国石油（BP）的市值都只有约 1 000 亿美元，还不能进万亿（人民币）俱乐部，这与欧洲经济的走弱有关。

第二类：实业类，如微软、苹果公司、通用电气、辉瑞制药、沃尔玛、吉利德科学公司、宝洁、可口可乐、百事可乐、IBM、英特尔等。

微软是世界个人计算机软件开发的先导，以研发、制造、授权和提供广泛的电脑软件服务业务为主。最高市值曾超过 6 000 亿美元，现在市值约 4 000 亿美元。创始人比尔·盖茨曾蝉联多年的世界首富。

苹果公司是目前全球市值最高的公司，市值超过 5 300 亿美元，也是最有可能市值超过 1 万亿美元的公司。

微软和苹果是信息革命的开拓者和领头羊。

辉瑞公司是全球最大的以研发为基础的生物制药公司，产品覆盖了包括化学药物、生物制剂、疫苗、健康药物等诸多广泛而极具潜力的治疗及健康领域，同时其卓越的研发和生产能力处于全球领先地位。目前市值约为 2 150 亿美元。

吉利德科学公司是丙型肝炎治疗领域的领跑者，代表医药行业有广阔的发展空间，目前市值约为 1 130 亿美元。

辉瑞和吉利德代表的医药健康领域一直是人们关注的重点领域。

沃尔玛公司是一家美国的世界性连锁零售业企业，以营业额计算为全球最大的公司，连续三年在美国《财富》杂志世界 500 强企业中居首位。沃尔玛公司市值目前约为 2 269 亿美元。

宝洁公司市值目前约为 2 257 亿美元，是全球最大的日用消费品公司。

可口可乐（市值约为 1 952 亿美元）和百事可乐（市值约为 1 526 亿美元）是世界上最大的两家饮料生产企业。

可口可乐、百事可乐、宝洁和沃尔玛代表了消费行业的抗周期性。

美国通用电气公司（GE）是世界上最大的多元化服务性公司，从飞机发动机、发电设备到金融服务，从医疗造影、电视节目到塑料，GE 是自道·琼斯工业指数 1896 年设立以来唯一至今仍在指数榜上的公司，源自著名发明家爱迪生。通用电气的市值目前约为 2 896 亿美元。

IBM 和英特尔是老牌的世界 500 强前列企业，但排名不断下降，现在市值都是约 1 400 亿美元。

中国的通信业巨头华为 2015 年营业收入 3 950 亿元人民币，净利润 369 亿元人民币，并且连续六年年净利润增长率保持 30% 以上，如果在国内 A 股上市，市值肯定超过一万亿元人民币。

第三类：互联网类。如脸书、谷歌、亚马逊、阿里巴巴、腾讯等。

中国网络公司已经在世界上崭露头角。通常我们所说的 BAT 并不是同一个数量级的公司，其实 B（百度）的市值（572 亿美元）还不足 T（腾讯）（2 135 亿美元）和 A（阿里巴巴）（1 987 亿美元）的三分之一。再考虑到它的收入主要来自中国大陆，从而造成百度在中国大陆搜索市场基本上独家垄断，并且很大一块收入来自备受诟病的百度竞价排名，可以推断百度的发展前景不如阿里巴巴和腾讯。

脸书（Facebook）全球还有超过 15 亿多的用户。未来，我国对脸书的开放应该为时不远。脸书目前市值约为 3 266 亿美元。

谷歌（Google）是全球最大的互联网搜索公司，并且在云计算、广告技术、无人机、人工智能等领域都有开创性创新。目前市值约为 4 840 亿美元。

亚马逊在电子书方面几乎变革了整个出版行业，也是云计算方面是最早的开创者和今天的领先者。亚马逊公司目前市值约为 3 424 亿美元。

过去 20 年，雅虎一直是全球第一网络媒体，第一个真正成功的互联网内容公司，门户模式是以广告收费实现用户免费访问的模式，几乎奠定了整个互联网的基本模式，影响深远。雅虎是中国互联网浪潮崛起的第一榜样，阿里巴巴第二大股东，而现在这家曾经在互联网行业风光无限的公司市值只有 360 亿美元，只有阿里巴巴的 1/6。

第四类：金融类。这类企业有很多，花旗银行、美国银行、汇丰控股、摩根大通、维萨卡、万事达卡、伯克希尔·哈撒韦公司、中国工商银行、中国农业银行、中国建设银行、中国银行等。

中国四家国有商业银行市值超过万亿，中国工商银行更被称为"宇宙第一大行"，市值约为 1.59 万亿人民币。中国企业的融资主要是从银行借款的间接融资，国有企业的融资占银行融资总额约 80%，大型国企的融资一般都会选择国有四大银行，随着企业收益的下降（隐性债务的增加）和股份制以及民营银行的兴起，四大行的利润增长率有所下降。

有意思的是，大名鼎鼎的高盛虽然去年利润高达 51 亿美元，但市盈率只有 13.5 倍，市值只有 693 亿美元，摩根士丹利、瑞士银行的市值排在高盛之后，分别位列券商第二、第三位，都不到 700 亿美元，这些券商股的市净率（股票价格除以净资产）很低，只有 1.0 左右，市盈率也只有十几倍。中国的中信证券市值排在全球第四位，但其动态市盈率高达 30 倍。

花旗银行市值达 1 237 亿美元，但市盈率只有 7.3，市净率只有

0.80，即市值还没有净资产高。

维萨卡、万事达卡是世界上最大的两家第三方支付服务商，中国银联还没有上市，如果上市估值应该也会超过万亿元人民币。

伯克希尔·哈撒韦公司是股神巴菲特的公司，是唯一上榜的投资类企业，五十多年来创造了二级市场的股市神话。市值目前高达3 558亿美元。

与十年前相比，世界最大的公司（市值排在前列）中互联网企业和金融类企业大幅增加，而实业和资源类企业在减少，这也反映了互联网企业和金融类企业的崛起。

从上述分析可以看出，中国除互联网外的万亿市值企业，都具有一定的政府垄断性质，互联网巨头阿里巴巴和腾讯则通过多年经营和行业并购，形成了一定行业壁垒。

东方财富网经过短短12年的运行，已经成为互联网金融第一股，也是国内资本市场上市的市值最大的互联网公司。

从净利润角度，东方财富网要成为万亿市值的公司，即使维持在100倍的高市盈率，也需要年净利润100亿元人民币。

东方财富网近三年的主要财务指标如下：

表 10.1　东方财富主要财务指标　　　　　　（单位：万元）

|  | 2015 年 | 2014 年 | 2013 年 |
|---|---|---|---|
| 营业收入 | 292 587.94 | 61 200.70 | 24 847.49 |
| 净利润 | 184 857.12 | 16 572.38 | 500.13 |

从近三年的利润增长情况来看，每年增长都在10倍以上，而现在市值800多亿元，按照这样的发展速度，岂不是万亿市值指日可待？

从理论上分析，如果真能如此高速增长，东方财富网是有可能达到万亿市值的。

2013 年之前，营业收入和利润基数都比较小，2014 年股市大盘又开始上涨，实现高速度增长并不困难，而 2015 年上半年是股市疯狂向上的半年，股指上涨 50% 以上，成交量急剧放大，基金销售量大增，东方财富网抓住了这一历史性的机遇，实现了净利润十倍增长。

但从中国股市发展历程来看，股市熊长牛短、靠天吃饭的格局并没有改变，从 2015 年 6 月起，股市步入熊市，股指跌幅近 50%，成交量急剧萎缩，券商股利润直线下降，作为最大的金融服务企业，东方财富网 2016 年第一季度的主要财务指标也出现较大的跌幅（或增速下降），营业收入和利润分别是 3.50 亿元和 1.17 亿元。

互联网金融平台（非传统金融的互联网化）未来如果想有平台化的发展，必须更加互联网公司化、平台化，靠巨大的黏性用户流支撑商业模式，否则商业价值会大打折扣。目前几家互联网金融公司，东方财富、同花顺、大智慧都还不是特别互联网化，如产品设计缺乏关联度，用户体验有待提高。相对来说东方财富比同花顺、大智慧做得好，后两者更倾向于工具，但都在转型。

而且一旦证券牌照放开，互联网两大巨头阿里系和腾讯系凭借其母公司的综合实力和庞大用户数量，很有可能颠覆性的发展，正如余额宝控股了天弘基金后，天弘基金很快从行业规模倒数第一的基金一跃而成行业第一，并遥遥领先于第二名。尤其是阿里系的蚂蚁金服，已经是一家集支付、理财、信贷、消费金融、保险、众筹于一体的大型金融集团，估值高达 600 亿美元，目前已在洽谈收购德邦证券，由于马云和德邦证券现在控股股东复星集团董事长郭广昌的私人好友关系，在没有政策限制情况下收购很有可能成功。

商业模式会随着用户数量的爆发及黏性而自然产生，用户为王，平台为王。届时阿里系和腾讯系会不会从行业的搅局者成为行业的颠覆者？佣金自由化是个趋势，凭借其母公司的大数据和强大金融资源，再通过降低佣金甚至零佣金的方式（因为这块利润对他们来说过于微小），从东方财富网上分流客户呢？

还要考虑的一个问题是：随着全球经济一体化，证券市场也将不断与国际接轨，国际资本市场金融股的市盈率一般不超过 20 倍，像高盛这样可以影响政治的巨型金融企业，2015 年净利润高达 51 亿美元，公司市值也不到 700 亿美元。如果东方财富网要达到一万亿市值，每年的净利润要求还需要不断提高。

当然，万亿市值本身并不重要，反映的是东方财富网这家互联网金融的龙头企业的决心和对未来的信心，随着中国经济的持续发展，在不久的未来，中国有望超过美国成为全球第一大经济体，中国庞大的人口数量和巨额的低端金融消费又为具有普惠性质的互联网金融带来巨大的市场空间，与此相对应，中国的资本市场还会有很大的成长空间。在这个飞速发展的互联网时代，在互联网金融领域出现万亿市值的公司将不再是一个梦想。

第十二章

# 结束语——金融创新的发展前景

在这飞速发展的互联网时代，金融创新越来越深刻地影响经济发展和人们生活。我国不是互联网的发源地，也不是互联网金融的发源地，而且长期以来金融抑制严重，传统金融发展程度落后，所以互联网一旦与中国迅速增长的经济及庞大的消费人群相结合，便爆发出惊人的能量，我国已经成为名副其实的互联网大国，世界十大互联网企业我国占了四个（阿里巴巴、腾讯、百度、京东），在互联网金融领域，我国更是后来居上，充分发挥了后发优势，规模上远远超过其发源地美国和英国。

　　金融是经济的血脉，金融业服务于大众和实体。尽管对经济的发展趋势可能有不同看法，但中国作为消费大国这一点是确认无疑的，80后、90后甚至00后新生代都是伴随着电脑或手机成长起来的，他们更习惯于互联网金融，而这些人正日益成为消费主体，央行数据显示，截至2015年年末，中国居民部门消费信贷余额就高达18.9万亿元人民币，同时，中国有六千万家民营企业，实体经济的发展越来越离不开金融尤其是传统金融的支持。

　　宏观层面的金融创新，如亚洲基础设施投资建设银行、金砖银行的设立，上海自贸区人民币离岸金融中心的建设、新三板的迅速扩容和分层等并没有太大的争议，只是有针对操作细节的探讨。而争议往往围绕互联网金融发展问题，甚至越演越烈。概而言之，这些争论主要集中在三个问题上：一是互联网金融究竟能否取代传统金融；二是互联网金融是否会引发系统性风险；三是如何对互联网金融进行监管？这些问题之所以引起争论，主要原因是对互联网金融发生的问题过多，而且发展趋势难以判断。

由于互联网金融具有去中介化和降低交易成本的特征，根据交易成本理论，只有在传统金融不愿意承担交易成本或无法降低交易成本的市场区间，互联网金融才有可能替代传统金融，第三方支付就是这样一个典型案例。随着经济规模的不断增长和金融化水平的不断提高，对金融服务的需求必然越来越大，互联网金融有可能替代部分传统金融的业务，但不可能替代传统金融，而且还能促进传统金融的转型升级，提高服务质量。

随着互联网技术的发展和金融市场客户多样诉求的推动，互联网金融逐渐挑战传统的银行业务。互联网金融的优势明显，对传统银行的支付领域、小额贷款领域和中间业务领域均产生冲击，伴随着互联网金融创新变化，传统银行在面临挑战的时候，也面对机遇，当然互联网金融也有管理弱、风险大、网络安全和法律监管滞后等问题。

长期的金融抑制，导致传统金融创新不足，互联网金融风头正健，但监管缺位，出现了很多问题，甚至被一些不法之徒打着"金融创新"的名义利用。

真正的金融创新，基本会围绕以下几个方面展开：

第一，金融的数字化和网络化。

数字化的时代已经到来，从产品到服务，我们的金融正在全面实现数字化。远古时代我们用贝壳、羊、铜钱做货币，到后来的金银等贵金属，再到纸币，都是价值符号。今天的价值符号完全可以用数字直接表达了。在互联网上运行的就是数字，现在我们汇款、存款，都可以在网上银行发送一组数字操作完成。近年来，大数据、智能终端、移动网络的广泛应用引发了欧美地区数字银行的发展潮流，某种程度而言，金融业已经全面进入数字化时代。首先，以"80/90后"为主流群体的年轻客户是数字化产品和服务的忠实用徒，因此银行必须不断推陈出新，以满足客户对数字化日益强烈的需求，比如，推出在线交易的个性化理财产品，提供更加便捷的移动支付，加快数字化网点的建设（如 VTM）等等。其次，是数字化的渠道，随着全球移动互联时代的到来，实体银行网点不再是人们的首选，手机银行、网上银行等移动网络渠道成为大势所趋，许多银行还尝试利用脸书、推特等社交网络平台向客户提供服务。再次，是数字化的竞争对手，创新 ICT 不断动摇银行业的根基，跨界竞争者不断涌入，先锋企业充分利用广泛的合作伙伴和市场，不断蚕食着传统银行的价值链，例如，欧洲的 Tesco、亚太地区的 Rakuten 和美国的沃尔玛等电子商务领导者也将业务拓展到了银行领域。

过去我们开银行必须要有网点，要有门店、有柜台。现在银行可以继续存在，但是金融基础设施已经发生巨大的改变，我们很多银行正在强占建立手机银行，网络银行，移动银行，社区银行。这些基础设施已经转移到网络上，互联网金融进一步推动金融全面网络化。

第二，金融走向普惠化和国际化。

正因为金融的基础设施已经普惠化，不仅针对高净值客户，还下沉到平民老百姓中间，就会出现一个金融的平民化，我们的金融之所以能够最近让大多数普通百姓都有参与的机会，就在于技术普惠化带来的金融普惠化，我们手机已经普及到每个人的手中，并且都是智能手机，可以搭载的金融服务越来越多。金融创新、金融服务都变成了一种大众化的形态。

互联网没有边界，边际成本接近于零，互联网的金融产品如比特币已经迅速的席卷全球，别说比特币，我们现在银行卡就已实现全球化，到全球各地旅游，大家带上信用卡就可以全球刷卡消费。

2015 年 11 月 30 日，人民币已经与美元、欧元、日元、英镑一起构成特别提款权（SDR）货币篮子，人民币在 SDR 中的权重仅次于美元和欧元，位居第三名。这是人民币国际化重要一步，随着人民币国际化步伐的加快，这个领域的金融创新将会不断涌现。

第三，在金融从分业经营走向混业经营中寻求机会。

过去我们对金融业实行分业经营、分业监管，导致了很多跨界的金融产品在夹缝中生存，野蛮的生长。但现在越来越走向混业经营，拥有银行、证券、信托等全牌照综合性金融集团越来越多，金融业务边界被打破，混合金融产品将不断出现。

这几大趋势会使今后的金融创新更加繁荣。但有两大焦点值得高度关注，一是以消费者为中心会得到更加强调和重视，互联网金融时代以及未来的时代消费者的需求会得到进一步的重视，甚至潜在的需求也会被挖掘出来，再次，技术创新的驱动是金融发展创新的永恒的动力，没有技术创新其他创新可能都是空中楼阁。

金融创新是把双刃剑，是经济社会发展客观要求和创新主体突破现有壁垒（逃避现有规则）、追逐利润的共同作用的结果，但金融创新的总体上起到了降低交易成本、便利百姓生活、促进经济发展、推动社会进步的作用。

所以，对金融创新，既要鼓励，又要加强监管。金融监管也必须要综合化，不仅是部门之间要加强协调，更重要的是手段要更加多样，不仅有刚性监管,还要有柔性监管,不仅要硬法治理,还需软法治理,不仅要有行政管理,还有社会监督和行业自律,多方共同参与。

在近年来出事最多的 P2P 领域,整顿已经开始。提高金融资源配置效率,有效防范金融风险,推进互联网金融风险专项整治工作,有效遏制非法集资、非法金融的活动,坚决打击庞氏骗局,成为金融监管的当务之急。

在大变革时代到来的时候,我们这代人有幸不是旁观者,也成为了金融创新的参与者和实践者,希望我们在参与过程中不仅能够看到未来、拥抱未来、更要创造未来。

相信在加强立法、严肃监管之后,无论各种形式的金融创新将会迎来更加灿烂的明天!

参考文献

（1）覃一鸣、李刚：《基于互联网金融的纯网络银行发展探讨》，《互联网金融》2015年第10期。

（2）马梅、朱晓明等：《支付革命——互联网时代的第三方支付》，中信出版社2014年版。

（3）孙国茂：《互联网金融：本质、现状与趋势》，《理论学刊》2015年第3期。

（4）曹磊、钱海利：《互联网+普惠金融》，机械工业出版社2015年版。

（5）李鸿、夏昕主编：《P2P借贷的逻辑》，机械工业出版社2016年版。

（6）谢永康、卢慧芳等：《香港REITs发展的特点及其对中国REITs发展的借鉴》，《上海财经大学学报》2010年第8期。

（7）易观智库：《2016年—2018年中国第三方支付市场趋势预测》中商情报网，2016年1月26日。

（8）（美）舍伍德·奈斯等：《众筹投资：从入门到精通实战指南》，人民邮电出版社 2015 年版。

（9）雷雨、陈文：《房地产众筹发展模式研究》，《南方金融》2015年第 4 期。

（10）《金朝阳财富 900 亿冲击波：学员贷款逾期波及银行》，《经济观察报》2015 年 5 月 17 日。

（11）孙燕：《以上海为中心离岸金融市场建设的因素分析》，《河北金融》2015 年第 3 期。

（12）李雪铃：《上海自贸区人民币离岸金融中心建设与金融监管》，复旦大学 2015 年硕士学位论文。

（13）（英）卢西亚诺·弗洛里迪：《第四次革命》，王文革译，浙江人民出版社 2016 年版。

（14）任高芳：《美国第三方支付监管体系对我国的启示》，《金融发展评论》2012 年第 10 期。

（15）"Economic Contribution of REITs in the United States"，参见网站：http://www.reit.com/data-research/reasearch/sponsored-research/economic-contribution-reits-united-states。

（16）黄世达：《美国 REITs 市场的发展状况及对中国的启示》，《东北财经大学学报》2015 年第 5 期。

（17）唐时达：《RFITs 的国际比较及启示》，《中国金融》2014 年第 13 期。

# 后 ⊕ 记

在多年的金融证券投资从业生涯中，一直有把平时所用到的、所思考的金融知识汇编成书的愿望，经过这两年的断断续续的资料收集、整理，以及与金融业实务从业者以及金融研究者的交流，终于形成了本书的脉络。但在本书的写作过程中，有时也会感觉到力不从心，因为在这个飞速发展的互联网时代，金融创新不仅层出不穷，而且日新月异，往往写到后面，前面一些知识（数据）又要更新了。尽管历经艰苦，但在亲人和朋友们的鼓励下，本书终于要面世了！

写作的过程同时也是学习的过程，在本书写作过程中，不仅查阅了大量国内外的相关资料，也与专家学者和互联网金融从业人员进行了很多交流探讨。值此本书出版之际，感谢华东理工大学商学院金融工程2015级硕士研究生同学们帮助收集了部分资料，感谢刘婷女士参与了其中三个章节的编写，感谢东方财富证券、国泰君安证券、阿里巴巴集团、网信集团、华东师范大学、上海交通大学等机构的专家、学者和从业人员在不同方面提供的帮助。

本书旨在对目前各类主要金融创新的过去、现在及未来进行梳理和探讨，并就一些社会热点进行分析，并提出自己的一些观点，希望对金融（财经）专业的大学生、金融从业人员以及金融爱好者有所帮助。

由于本书涉及客观性的描述比较多，在本书成书过程中引用了比较多的他人资料（包括无法查明原作者的来自网络的资料），无法一一列举，只能在此一并感谢！

本着文责自负的原则，作者个人对书中的所有观点负有全部的责任。如果有读者认为涉及法律问题，请与上海罡晟律师事务所贾献伟律师（电话：021-61028489）联系。

限于作者的水平、视野和时间限制，对于本书存在的不足之处，欢迎广大读者批评指正。

2016 年 6 月于上海

**图书在版编目(CIP)数据**

互联网时代的金融创新 / 王文革著. —上海：上
海人民出版社，2016
ISBN 978 - 7 - 208 - 13953 - 4

Ⅰ.①互… Ⅱ.①王… Ⅲ.①互联网络-应用-金融
-研究 Ⅳ.①F830.49

中国版本图书馆 CIP 数据核字(2016)第 160756 号

责任编辑　刘林心
封面装帧　零创意文化


互联网时代的金融创新
王文革 著
世 纪 出 版 集 团
上海人又大版社出版
(200001 　上海福建中路 193 号　www.ewen.co)

世纪出版集团发行中心发行　上海商务联西印刷有限公司印刷
开本 720×1000　1/16　印张 15.25　插页 4　字数 184,000
2016 年 8 月第 1 版　2016 年 8 月第 1 次印刷
ISBN 978 - 7 - 208 - 13953 - 4/F · 2391
定价 46.00 元